जातिविहीन समाज की ओर
छप्पर

डॉ. नितीन गायकवाड

ईशा ज्ञानदीप
नयी दिल्ली-110088

ईशा ज्ञानदीप

ए.डी. 77ए., शालीमार बाग

नई दिल्ली- 110088

मूल्य : ₹ 350

प्रथम संस्करण : 2017

ISBN : 978-93-82543-81-7

नीलम मिश्रा द्वारा **ईशा ज्ञानदीप**, ए.डी.-77 ए., शालीमार बाग, नई दिल्ली- 110088 से प्रकाशित तथा ओम आफसेट, जगतपुरी शाहदरा, दिल्ली- 110093 में मुद्रित

“मेरा जीवन, जो अनेक प्रकार के उतार-चढ़ावों से भरा रहा है। जीवन के कंटीले-पथरीले, ऊबड़-खाबड़, दुर्गम रास्तों और तंग गलियों से गुजरते हुए मैं खुली सड़क तक पहुँचा हूँ।...मुझे इस बात पर गर्व है कि दलित समाज में पैदा हुआ। इस से मुझे दलित समाज के दर्द को भोगने, समझने और उनके संघर्ष में शामिल होने का अवसर मिला। जीवन की घोर गरीबी तथा समाज से मिले जातिगत अपमान और उपेक्षा ने संघर्ष करके आगे बढ़ने की प्रेरणा दी। यह संघर्ष मेरी शक्ति बना है। मेरी जीवन यात्रा एक सतत संघर्ष की महागाथा से अलग और कुछ नहीं हैं। मुझे इस संघर्ष से प्यार है। मैं जीवन भर संघर्षशील रहना चाहता हूँ अपने लिए भी और समाज के लिए भी।”

–डॉ. जयप्रकाश कर्दम

भूमिका

भारत में दलितों के घरों और बस्तीयों की जगह गाँव के बाहर ही क्यों दिखाई देती है? इसका कारण एकदम साफ है–अस्पृश्यता। अस्पृश्यता हिंदू समाज की बीमारी हैं। यह बीमारी फैलाने के लिए ब्राह्मणवाद जिम्मेदार है। समाज में 'अर्थ' प्राप्ति का साधन 'कृषि' है। वर्णाश्रम समाज में विशिष्ट वर्ग के पास ही आर्थिक संपन्नता के कई साधन उपलब्ध है, किंतु दलित समाज के पास शारीरिक श्रम के सिवाय कोई भी साधन नहीं। भारत में जमींदारी प्रथा के कारण सेठ, साहुकार, सामंतों ने गाँवों की अधिकांश भूमि पर अपना अधिकार जताकर दलित समाज का आर्थिक शोषण किया है और इस शोषण के खिलाफ विद्रोह करके स्वाभिमान से जीने की इच्छा का निर्माण होना ही दलित चेतना है।

जयप्रकाश कर्दम एक संघर्षशील व्यक्तित्व है। दलित गैर-दलित सेमिनारों में कई बार मैं इन्हें देखते सुनते आ रहा हूँ। दलित जीवन में जितने अभाव, कष्ट, और दुःख हो सकते हैं उन सब से गुजरें है। घृणा, अपमान, अन्याय और उपेक्षा इन्होंने जो सही है वह भारतीय समाज की असभ्यता, अमानवीयता और बर्बरता को द्योतित करती है। दलितों का दमन, शोषण और उनको दी गयी शारीरिक-मानसिक यंत्रणाएँ भारतीय समाज के माथे पर एक बड़ा कलंक है। कोई भी सभ्य समाज अपने इस प्रकार के व्यवहार पर कभी गर्व महसूस नहीं कर सकता, सिर्फ शर्मसार ही हो सकता है। किंतु, अपवादों को छोड़ दिया जाए तो भारतीय समाज अपनी इस अमानवीयता और बर्बरता पर कभी भी शर्मसार नहीं हुआ और यदि हुआ होता तो उसने अपने व्यवहार में बदलाव किया होता।

बाबा साहेब डॉ. आंबेडकर ने भारतीय समाज में समता, बंधुता, स्वतंत्रता और सामाजिक न्याय के महत्त्व को स्थापित करने की कोशिश की है। इस कोशिश से तथाकथित सवर्ण समाज की संकुचित मानसिकता में परिवर्तन की आवश्यकता पर बल दिया है। उन्होंने दलित समाज के विकास के लिए शिक्षा को महत्त्व दिया है। शिक्षा के कारण ही दलित अन्याय, अत्याचार के खिलाफ आक्रामक और विद्रोही बन

रहे हैं। दुःखी-पीड़ित व्यक्ति के साथ सहानुभूति व्यक्त करना अलग बात है और उन्हें दुःखों से मुक्ति दिलाना दूसरी बात। हजारों सालों से दलितों का दुःख-दर्द बरकरार है और निरंतर वह इस से जूझ रहा है। वास्तव में, दलित साहित्य का संघर्ष दलितों की बेहतरी और मानवीय गरिमा के लिए है।

अंत में, इस पुस्तक में प्रत्यक्ष-अप्रत्यक्ष जिन मित्रों ने सहयोग दिया हैं उन के प्रति मैं कृतघ्य हूँ। साथ ही ईशा ज्ञानदीप ने इस पुस्तक को प्रकाशित करने में दिलचस्पी दिखाई इनके प्रति विशेष आभार!

–डॉ. नितीन गायकवाड

विषय सूची

अध्याय-1

जयप्रकाश कर्दम : जीवन परिचय और सृजनात्मक दृष्टि

दलित लेखकों का जीवन परिचय और उन के सृजनात्मक दृष्टि को जानना-समझना बेहद दिलचस्प रहा है। जयप्रकाश कर्दम भारतीय समाज में स्थित दलितों के यथार्थ जीवन के स्वानुभूति और सहानुभूति से जुड़े हुए वास्तविकता के जानकार हैं। उन्होंने अपने जीवन में जिन घटनाओं को जीया है, उन्हीं घटनाओं को एक समाजाभिमुख चिंतनशील जागृत साहित्यकार के रूप में अपनी कलम द्वारा अभिव्यक्त किया है। छप्पर उपन्यास दलित समाज जीवन का केवल दर्पण ही नहीं बल्कि उन के रचना सृजन के केंद्र में सामाजिक परिवर्तन की चेतना भी निहित है।

I

कमाने के दबाव में असली जन्म तिथि में बदलाव

जयप्रकाश कर्दम ने अपने जन्म तिथि तथा जन्म स्थान के बारे में स्वयं लिखा हैं–"मेरा जन्म 17 फरवरी, 1959 को गाज़ियाबाद (उत्तर प्रदेश) के निकट हापुड़ रोड़ पर स्थित इन्दरगढ़ी गाँव में हुआ। उस समय दिल्ली की सीमा से लगा गाज़ियाबाद मेरठ जिले का एक तहसील हुआ करता था। सन् 1975 में गाज़ियाबाद जिला बना। मेरे शैक्षिक प्रमाण-पत्र और सरकारी दस्तावेजों में मेरी जन्म तिथि 05 जुलाई, 1958 दर्ज है। वस्तुतः मेरी असली जन्म तिथि तो 17 फरवरी, 1959 है किन्तु परिवार की कमजोर आर्थिक स्थिति के कारण कम उम्र में ही मेरे ऊपर जल्दी-से-जल्दी कमाने का दबाव रहा। इसलिए हाईस्कूल की परीक्षा का फार्म भरते समय मैंने अपनी दूसरी जन्म तिथि लिखा दी ताकि मैं जल्दी से अट्ठारह वर्ष का हो जाऊँ और सरकारी नौकरी के लिए आवेदन भेज सकूँ। अब 05 जुलाई-1958 ही मेरी अधिकारिक जन्म तिथि हैं।"[1]

माँ की दूसरों के खेतों में मजदूरी करने की मजबूरी

जयप्रकाश कर्दम के पिता का नाम हरि सिंह और माता का अतरकली है। ये दोनों अपने जीवन में संघर्षशील, परिश्रमी तथा कर्तव्यदक्ष आदर्श दाम्पत्य के रूप में कार्यरत थे। वे स्वभाव से सरल हृदय, मिलनसार तथा नैतिकता का पालन करने वाले आदर्श पति तथा पिता के रूप में एक जिम्मेदार व्यक्ति थे। वे स्वयं दुख और अभावों को सहकर दलितों के दुख-दर्द से द्रवित होकर उन्हें सहायता के लिए सदैव सजग रहते थे। किंतु बीमारी से पीड़ित होने के कारण वे सन् 1976 में असमय मृत्यु के शिकार बने। जयप्रकाश कर्दम अपनी माँ अतरकली जी के बारे में लिखते हैं–"मेरी माँ का नाम अतरकली है, उसे अतरों कहकर ही परिवार रिश्तेदार और गाँव के लोग पुकारते हैं। वह एक अशिक्षित और घरेलु महिला है।"[2] जयप्रकाश कर्दम की माँ आजीवन अभावों से पीड़ित रहकर मेहनत-मजदूरी कर के अपने परिवार के उदरनिर्वाह के लिए कठोर परिश्रम से संघर्षरत रही हैं। इस के बारे में जयप्रकाश कर्दम लिखते हैं–"पिताजी बीमारी के कारण शरीर से कमजोर थे। माँ ही ज्यादातर घर-खेतों में काम करती थी। अपने खेत न रहने पर वह दूसरों के खेतों में मजदूरी करती थी।"[3] बचपन में पिता की बीमारी से मृत्यु हुई है। घर में कुल सात बहन-भाई है। माँ निरक्षर है। परिवार का गुजारा करने के लिए सवर्णों के खेतों में मजदूरी करने जाती है। अतरकली का स्वभाव भी उनके पति हरि सिंह के अनुरूप ही मिलनसार, मृदुभाषी, विनम्र और कर्तव्यदक्ष दिखाई देती हैं।

परिवार में दूसरे नंबर पर मैं रहा

जयप्रकाश कर्दम के तीन भाई तथा तीन बहनें रही हैं। भाईयों के नाम रणजित सिंह, संदीप कुमार, कुलदीप कुमार और बहन के नाम सोनवती, मधुबाला, मालती हैं। जयप्रकाश कर्दम अपने भाई-बहन के बारे में लिखते हैं–"भाई-बहन में सब से बड़ी बहन है, सोनवती मुझ से दो-तीन वर्ष बड़ी उस की शादी जल्दी ही हो गई थी जब मैं सातवीं कक्षा में पढ़ता था। दूसरे नंबर पर मैं रहा। उस के बाद छोटा भाई रणजित सिंह वह दिल्ली में विद्युत विभाग में नौकरी करता है। तीन बच्चों का पिता है। गाज़ियाबाद में उसका अपना मकान है उसने अब गाड़ी भी खरीद ली है। चौथे और पाँचवें नंबर पर दो बहने मधुबाला और मालती। मधु (रोहिणी) दिल्ली में रहती है। उस का पति दिल्ली पुलिस में प्रदूषण नियत्रण शाखा में काम करता है। मालती का पति नेशनल थर्मल पॉवर कार्पोरेशन (एन.टी.पी.सी) नोएडा में कर्मचारी है। वे वहीं पर रहते हैं। सब से छोटे दो भाई हैं संदिप कुमार और कुलदीप। संदीप कुमार एम.

ए. पास है उस की पत्नी अध्यापिका है और ऐटा (उत्तर प्रदेश) में तैनात है। वे वहीं पर रहते हैं। कुलदीप गाँव में ही रहकर मजदूरी करता है। वह मैट्रिक भी पास नहीं कर सका।"[4]

हमें पेट भरने के लिए रोटी मिलना मुश्किल हुआ

संसाधन के अभाव में दलितों को बचपन में रोटी के लिए भी संघर्ष करना पड़ता है। जयप्रकाश कर्दम अपने बचपन के बारे में लिखते हैं–"मेरा बचपन मेरे गाँव-इन्दरगढ़ी, जिला–गाज़ियाबाद (उत्तर प्रदेश) में बीता। बचपन के समय मेरा परिवार बहुत गरीब नहीं था। खेत थे, बैल थे, गाड़ी थी- ठीक तरह से परिवार का गुजारा होता था लेकिन दादा जी की मृत्यु के बाद स्थिति बदल गई। पिताजी टी.बी के मरीज थे। वे खेतों में काम नहीं कर सके। एक-एक कर सारे खेत बिक गए और हमें पेट भरने के लिए, रोटी के लिए मुश्किल पड़ गई। सन् 1976 में जब पिताजी की मृत्यु हुई, मैं 11वीं कक्षा में पढ़ता था। स्कूल न जाकर मजदूरी करने पाँच रूपए प्रतिदिन पर जाता था। रात में घर पर पढ़ता था। इन्टरमीडिएट (12वीं) विज्ञान विषयों के साथ उत्तीर्ण करने के बाद सन् 1977 में बी.एस.सी. में प्रवेश नहीं ले सका क्योंकि कॉलेज की फीस के लिए पैसे नहीं थे। वह एक वर्ष व्यर्थ गया।"[5]

बचपन की यादें

दलितों की बचपन की यादें बेहद खौफनाक किस्सों से भरी हुई हैं। किसी भी बच्चे के बचपन का माहौल उसके भविष्य को बनाने में मदद करता है। बचपन खेलकूद और पढ़ाई के लिए जाना जाता है, लेकिन दलित बचपन इस दुनिया से बिल्कुल अलग दिखाई देता है। बचपन में खूब खेलता था, गाता था। दादी को 'आल्हा' और 'ढोला' सुनने का बहुत शौक था। मैं पूरी तर्ज के साथ 'आल्हा' और 'ढोला' गाता था। रागीनी भी गाता था। मैंने नाटक भी खेले।"[6] जयप्रकाश कर्दम का बचपन प्यार-दुलार तथा खेलते-कूदते बीता किन्तु उनके पिता की असमय मृत्यु के कारण घर में सब से बड़ी संतान के रूप में जिम्मेदारी को निभाते हुए अपने छोटे भाई-बहन के पालन-पोषण का बोझ संभालना पड़ा। युवावस्था में अभावों से घिरे हुए एक संघर्षरत योद्धा की तरह लड़ते रहें हैं।

स्कूल न जाकर मजदूरी करने जाता था

जयप्रकाश कर्दम की प्राथमिक शिक्षा उनके जन्म गाँव इन्दरगढ़ी जिला

गाज़ियाबाद, उत्तर प्रदेश राज्य में स्थित 'महानन्द मिशन हरिजन पाठशाला' में हुई। प्राथमिक शिक्षा के पश्चात हाईस्कूल की शिक्षा उन के गाँव से एक मिल पर स्थित 'इण्टरमीडिएट' कॉलेज आध्यात्मिक नगर जिला गाज़ियाबाद, (उत्तर प्रदेश) से विज्ञान विषयों को लेकर सन् 1975 ई. में संपन्न हुई। जयप्रकाश कर्दम अपनी शिक्षा के बारे में लिखते हैं–"मैं बचपन से ही पढ़ने में कुशाग्र था। कक्षा में प्रथम आता था।"[7]

शिक्षा को हासिल करने के लिए दलितों ने बेहद संघर्ष किए है। एक एक अक्षर की किमत अपने खून को जलाकर चुकाई हैं। लेखक के परिवार की आर्थिक स्थिति साधारण थी फिर भी इन की शिक्षा में रुचि होने के कारण उन्होंने कई समस्याओं से संघर्ष करके उच्च शिक्षा हासिल की है। उन्होंने अपने पिता की मृत्यु के पश्चात स्वयं मेहनत-मजदूरी कर के अपनी शिक्षा को जारी रखा। इस के बारे में वे कहते हैं–"सन् 1976 में जब पिताजी की मृत्यु हुई, तब मैं 11वीं कक्षा में पढ़ता था। स्कूल न जाकर मजदूरी करने जाता था, पाँच रुपए प्रतिदिन पर। रात में घर पर पढ़ता था।"[8]..."मेरी पढ़ाई छूट गयी थी। यह मेरे कठिन संघर्ष और निराशा का दौर था। मुझे ऐसा लगता था कि मेरी पूरी जिंदगी ऐसे ही संघर्ष में समाप्त हो जाएगी। मैं जीवन में शायद कुछ नहीं कर सकूँगा। इसी तरह के नकारात्मक विचार मेरे मस्तिष्क में आते रहते थे। लेकिन इस सब के बावजूद मैंने पढना नहीं छोड़ा मुझे जब भी अवसर मिलता मैं पढ़ने में लग जाता। क्या पढ़ना है, ऐसा कोई अनुशासन नहीं था। कोई पुस्तक, अखबार, कागज, जो भी कुछ मिल जाता उसी को पढ़ लेता। उस दौरान मैंने धर्म, संस्कृति से लेकर उपन्यास, कहानिया, कविताएँ, जीवनी, आत्मकथा, जो कुछ मिला सब पढ़ा। मैं जितना पढ़ता गया, मेरी पढ़ने की भूख बढ़ती गयी। हिण्डन रीवर मिल की नौकरी इसी वजह से छूटी थी कि मैं अपने कपड़ों के अंदर पुस्तक छिपाकर रखता था और जॉबर की निगाह से बचकर मशीन छोड़कर टॉयलेट में जाकर पुस्तक पढ़ने लग जाता था।"..."परिवार की आजीविका चलाने के लिए यहाँ-वहाँ काम करने जाता था। उस दौरान मैंने कई प्रकार के काम किए। भवन निर्माण में बेलदारी से लेकर स्टील फैक्टरी, फिर डी.सी.एम. ग्रुप की हिण्डन रीवर मिल में और एक वकील के पास मुंशी के रूप में भी काम किया।"[9]

हमें नहीं छूने देते थे

दलित अपनी पढ़ाई के साथ-साथ बाल-श्रम करने के लिए मजबूर है। ऐसे माहौल में स्कूल-कॉलेज में जयप्रकाश कर्दम को जातिगत भेदभाव के कारण भी प्रताड़ित होना पड़ा। वे कहते हैं–"जब मैं गाँव में महानंद मिशन हरिजन प्राथमिक पाठशाला में पढ़ता था, तब जाति के कारण कटु अनुभव से गुजरा। हमारे स्कूल के

हेड-मास्टर मुरारीलाल शर्मा ब्राह्मण थे। यूँ, उन्होंने हमारे गाँव के बहुत सारे लोगों को शिक्षित किया। यदि कोई बच्चा स्कूल नहीं आता था तो वह जंगल में जा कर वहाँ से उसे पकड़कर स्कूल में लाते थे। किंतु वह हमारे साथ अस्पृश्यता का व्यवहार करते थे। वह हुक्का पीते थे। उन के हुक्का को हम साफ करते थे। उन की चिलम हम भरते थे। स्कूल का फर्श हम साफ करते थे। स्कूल की लिपाई करने के लिए गाँव से पीली मिट्‌टी और घर-घर जाकर गोबर हम लाते थे। ये सब कार्य वह हम से करवाते थे। किंतु पानी पीने के अपने पीतल के लोटे को वह हमें नहीं छूने देते थे। अपने लोटे में पानी वह उच्च जातीय लड़को से ही भरवाते थे। उस समय हमारे मस्तिष्क में यह बात नहीं आती थी कि वह हमारे साथ अस्पृश्यता बरतते हैं। बाद में बड़े होने पर इस का अहसास हुआ तो दुःख हुआ।"[10]

मुझे स्कूल में ढेड, चमट्‌टे, रड्‌ड कह कर संबोधित करते थे

मैं जिस इंटरमीडिएट कॉलेज में पढ़ता था, वहाँ पर आस-पास के गाँवों के छात्र पढ़ते थे, जो विभिन्न जातियों के थे। आस-पास कई जाट बहुल गाँव थे। इसलिए जाटों का प्रभुत्व रहता था, जो दलित छात्रों का अपमान किया करते थे। वे हमें विभिन्न तरह से तंग किया करते थे। किन्तु हम प्रायः उसकी शिकायत नहीं करते थे। क्योंकि उन के साथ मेरे गाँव के दलित छात्रों का कई बार झगड़ा हो चुका था और प्रत्येक बार, कम शक्तिशाली होने के कारण, दलित छात्र ही अधिक चोट खाते थे। प्रिंसिपल और सारे अध्यापक भी उच्च जातीय थे और उन का झुकाव सवर्ण छात्रों की ओर रहता था। जब भी दलित और सवर्ण छात्रों के बीच झगड़ा होता, दलित छात्रों को ही प्रायः दंडित किया जाता था। सवर्ण छात्र प्रतिदिन ही दुर्व्यवहार और गालियों की भाषा में बात करते थे। कई दलित छात्र, सवर्ण छात्रों की इस हरकत का प्रतिकार करते थे और उन से शारीरिक संघर्ष भी करते थे, उन को कॉलेज छोड़ना पड़ा था। कुछ दलित छात्र अध्यापक द्वारा परीक्षा में फेल कर दिए जाते थे। मेरे मस्तिष्क में सदैव यही रहता था कि मुझे अपनी पढ़ाई अवश्य पूरी करनी चाहिए। मैं कॉलेज छोड़ना नहीं चाहता था। मेरे लिए यह अधिक महत्त्वपूर्ण था।"[11] ..."जब सवर्ण छात्र मुझे स्कूल में ढेड, चमट्‌टे, रड्‌ड कह कर संबोधित करते थे तो उस समय जो पीड़ा मुझे हुई, जो आग मेरे अंदर लगी, उस पीड़ा को याद करते हुए आज भी तड़प उठता हूँ।"[12]

अपने दोस्तों को जाकर बताना...हम आंबेडकरवादी हैं

जाति का जहर पीढ़ी-दर-पीढ़ी समाज में फैलता ही जा रहा है। सदियों से

दलितों के लिए शिक्षा के विद्यालयों में प्रवेश वर्जित था लेकिन आज डॉ. आंबेडकर के आंदोलन के बावजूद भी पब्लिक स्कूल में बच्चों के साथ जातिगत भेदभाव का बर्ताव कम नहीं हुआ है, जब जयप्रकाश कर्दम की बेटी इस दंश से गुजरती है तब पिताजी से पूछती है–"पिताजी, हमारी जाति क्या है?..उन्होनें बेटी को–"बुद्ध के बारे में बताया और कहा कि जो लोग उन की शिक्षाओं का अनुसरण करते हैं, वे बौद्ध होते हैं। हमारे घर में दो तस्वीरें लगी हैं, एक गौतम बुद्ध की और दूसरी डॉ. आंबेडकर की। जब मैंने उसे बुद्ध की तस्वीर की ओर इशारा करते हुए बुद्ध के बारे में बताया तो उस ने दूसरी तस्वीर के बारे में पूछा। मैंने उसे डॉ. आंबेडकर के बारे में बताया और कहा, 'अपने दोस्तों को जा कर बताना कि यह हमारी जाति है और और हम उन की शिक्षाओं पर अमल करते हैं। हम आंबेडकरवादी हैं।"[13] अपने बच्चों के मन में विश्वास पैदा करने के लिए और उन की सोच में सकारात्मकता लाने की दृष्टि से बाबा साहेब डॉ. आंबेडकर और बुद्ध के विचारों की शिक्षा देना बेहद जरूरी है। जयप्रकाश कर्दम ने बचपन में स्कूल-कॉलेज के दौर में जाति की जिन तकलीफों को जिया, भोगा, सहा और महसूस किया है, उन तमाम तकलीफों से अपने बच्चों को मुक्त रखने कोशिश की हैं।

नौकरी के साथ-साथ मैं उच्च अध्ययन करता रहा

जयप्रकाश कर्दम ने उच्च शिक्षा संबंधी सभी उपाधियाँ एम.एम.एच. कॉलेज गाज़ियाबाद से नियमित छात्र के रूप में प्राप्त की हैं। उन्होंने सन् 1980 ई. में दर्शनशास्त्र, अंग्रेजी और हिंदी इन साहित्यिक विषयों के साथ बी.ए. की उपाधि प्राप्त की। सन् 1982 ई. में प्रायव्हेट रूप में एम.ए. की उपाधि दर्शनशास्त्र विषय को ले कर प्राप्त की। सन् 1984 ई. में एम.ए. हिंदी में और 1986 ई. में एम. ए. इतिहास में उत्तीर्ण हुए। उन्होंने सन् 2000 में हिंदी विषय में 'राग दरबारी का समाजशास्त्रीय अध्ययन' इस विषय पर शोध-प्रबंध लिखकर पीएच.डी. की उपाधि प्राप्त की है। सभी उपाधियाँ 'मेरठ विश्वविद्यालय, मेरठ' (उत्तर प्रदेश) से प्राप्त की है। वर्तमान समय में इस विश्वविद्यालय का नामकरण 'चौधरी चरणसिंह विश्वविद्यालय' किया गया है।

जयप्रकाश कर्दम अपनी पढ़ाई और नौकरी के संदर्भ में लिखते हैं–"मेरे सरकारी नौकरी की शुरुआत सन् 1980 में बी.ए. की पढ़ाई के दौरान हो गई थी। सब से पहले बिक्री कर विभाग में अमीन बना गाजियाबाद में ही। फिर क्लर्क के पद पर दो-तीन साल काम किया। इस दौरान बी.ए. हुआ फिर दर्शनशास्त्र विषय में एम.ए. किया और हिंदी में भी एम.ए. किया। सन् 1984 में बैंक की नौकरी में चला गया। पहली नियुक्ति इलाहाबाद में हुई। फिर स्थानांतरित होकर मेरठ आ गया। इस दौरान

इतिहास में भी एम.ए. की उपाधि हासिल की और सिविल सर्विस की परीक्षाओं में भाग लिया। उत्तर प्रदेश की पी. सी. एस. की परीक्षा दो बार पास की। पहली बार साक्षात्कार में सफल नहीं हो सका दूसरी बार अधिनस्थ सेवा में सफल हुआ-नायब तहसीलदार के पद पर मेरी नियुक्ति हुई जिसे मैंने स्वीकार नहीं किया।

सन् 1989 में संघ लोक सेवा आयोग के माध्यम से केन्द्रीय सचिवालय राजभाषा सेवा में सहायक निर्देशक के पद पर चयनित हुआ। सन् 1996 में पदोन्नत होकर उपनिदेशक बना। अब भारतीय उच्च आयोग पोर्ट लुई (मॉरिशस), में द्वितीय सचिव (शिक्षा एवं संस्कृति) के पद पर प्रतिनियुक्ति पर कार्यरत हूँ। यह नियुक्ति भी संघ लोक सेवा आयोग के माध्यम से ही हुई है।"[14] अपने गाँव के पहले व्यक्ति थे, जो केंद्रीय सरकार में राजपत्रित अधिकारी बने। वे कहते हैं–"नौकरी के साथ-साथ मैं उच्च अध्ययन करता रहा, और अच्छी नौकरी के लिए प्रतियोगी परीक्षाएँ देता रहा और लेखन कार्य भी करता रहा।"[15] लेखक ने सरकारी नौकरी के दौरान अपना अधिकांश समय अध्ययन और लेखन में व्यतीत किया है।

मेरा विवाह बौद्ध पद्धति के अनुरूप हुआ

1956 के बाद अधिकांश दलित हिंदू धर्म की परंपराओं को नकारते आ रहे है।। जयप्रकाश कर्दम का विवाह दिल्ली में स्थित साधन-संपन्न परिवार में पली शिक्षित श्रीमती ताराजी से हुआ है। अपने विवाह के बारे में लिखते हैं–"मेरा विवाह 16 अक्टूबर, 1988 में बौद्ध पद्धति के अनुरूप हुआ।"[16] लेखक की पत्नी तारा जी एम.ए. (हिंदी), बी.एड. हैं जो इस समय राजकीय उच्चतर माध्यमिक विद्यालय (दिल्ली) सरकार में अध्यापिका के पद पर कार्यरत हैं। इनका स्वभाव सहयोगी, स्नेही तथा कर्तव्यदक्ष एवं मानवतावादी मूल्यों से संपन्न है। जयप्रकाश कर्दम को तीन अपत्य हैं। इन में दो बेटियाँ कु. कम्पिला और कु. विशाखा है। इन दोनों लड़कियों ने अगस्त, 2008 की मेडिकल और इंजीनियरिंग की प्रवेश परीक्षा पास की हैं और बेटा आयु. कुणाल दिल्ली में ही सेंट जेवियर स्कूल में 9वीं कक्षा में पढ़ता है। पति-पत्नी दोनों अपने बच्चों को आर्दश नागरिक तथा मानवतावादी धर्म के संस्कारों की शिक्षा से संपन्न बनाकर वे अपने परिवार तथा बच्चों की प्रगति के प्रति सचेत और सक्रिय भूमिका अदा करने में कर्तव्यदक्ष रहते हैं।

II

सादा जीवन उच्च विचार के अनुरूप जीने की कोशिश करता हूँ

जयप्रकाश कर्दम अपने रहन-सहन तथा खान-पान के बारे में लिखते हैं–"मैं साधारण तरीके से रहना और खान-पान पसंद करता हूँ। 'सादा जीवन उच्च विचार' के अनुरूप जीने की कोशिश करता हूँ। मुझे हरे पत्तों वाली सब्जियाँ, फल और दूध पसंद है। मद्यपान से अभी तक दूर हूँ। पान, सिगरेट आदि का भी शौक नहीं रखता। कपड़ों के मामलों में मेरा मत है-कपड़े ज्यादा महँगे न हो लेकिन साफ-सुथरे तरीके से सिले हुए हों जिन्हें पहनने के बाद व्यक्ति सुंदर और आकर्षक लगे साथ ही आरामदायक भी हों। घर से बाहर पैन्ट कमीज, मौसम के अनुसार कोट-टाई भी पहनता हूँ तथा घर के अंदर कुर्ता पायजामा, लुंगी और कभी-कभी टी शर्ट और बरमुडा भी पहनता हूँ।"[17]

परिवार से सीखे श्रम, संघर्ष और संयम के प्रारंभिक सबक

जयप्रकाश कर्दम उनके जीवन संघर्षों में अपने परिवारजनों से प्रभावित है। वे लिखते हैं–"बचपन में मेरे प्रेरणास्रोत मेरे चाचा हरपाल सिंह रहें, जिन से मैंने जिंदगी में प्रारंभिक सबक सीखे श्रम, संघर्ष और संयम के। इस के साथ चाचा के मित्रों में से मुकूटलाल तोमर व श्री हुकूम सिंह से भी प्रोत्साहन और प्रेरणा मिली।"[18]

शिक्षकों से प्राप्त प्रोत्साहन और प्रेरणा

जयप्रकाश कर्दम अपने जीवन को योग्य दिशा देने वाले उन के आदर्श गुरूजनों से सदैव लाभान्वित और प्रेरित रहे हैं। उन की साहित्य लेखन की सफलता तथा अपनी कर्तव्य पूर्ति के लिए निष्ठा, समर्पण और समाज चिंतन यह अमूल्य देन गुरूजनों से ही उन्हें प्राप्त हुई है। प्राइमरी स्कूल में मुरारीलाल शर्मा, इन्टरमीडिएट कॉलेज में रामचरण शर्मा, श्री. किरण सिंह भारद्वाज, डिग्री कॉलेज में उन के पीएच. डी. के मार्गदर्शक डॉ. एल. बी. राम अनंत और लेखक तथा पत्रकार के रूप में राधाचरण विद्यार्थी एवं उन के गाँव के डॉ. देवी सिंह और राम सहाय आदि गुरूजनों ने उन्हें सदैव जीवन संघर्ष में आत्मविश्वास के साथ आगे बढ़ने के लिए प्रेरित किया है।

किताबों ने दी जीवन को नयी दिशा और दृष्टि

लेखक ने उपन्यास, बाल साहित्य, कहानी संग्रह, कविता संग्रह, विचार प्रबंध/आलोचना, शोध-प्रबंध, संपादित पुस्तके, आनुवादित पुस्तकें प्रकाशित किया हैं। तमाम आर्थिक अभावों और मानसिक तनाव के दौरान जयप्रकाश कर्दम को–"मेक्सिम गोर्की को पढ़ने का मौका मिला। उन का उपन्यास 'माँ' तो आज भी मेरी पसंद है। इस के अलावा उन की आत्मकथा के तीन खंड- 'मेरा बचपन', 'मेरे विश्वविद्यालय' और 'जीवन की राहों पर' भी मुझे बहुत पसंद आए थे। मेक्सिम गोर्की को पढ़ते हुए मैंने महसूस किया कि गोर्की की स्थिति तो मुझ से भी खराब थी। उस के पिता की मृत्यु उसके बचपन में ही हो गयी थी, माँ भी जल्दी ही मर गयी थी। उस की नानी ने उसे पाला-पोसा था। गोर्की का पेट भरने के लिए उस की नानी को भीख तक माँगनी पड़ी थी। गोर्की के पास श्रम और विश्वास के अलावा और कोई सहारा नहीं था। उस ने कठोर श्रम किया, अपने ऊपर से विश्वास नहीं खोया और जीवन में वह हासिल किया जिसे पाना किसी भी संघर्षशील व्यक्ति का सपना हो सकता है। गोर्की से मुझे निराशा को आशा में बदलने का नुस्खा मिला। गोर्की को पढ़ने के बाद मेरे अंदर यह विश्वास पैदा हुआ कि मुझे निराश होने की आवश्यकता नहीं है। मुझे कड़ी मेहनत करनी चाहिए। यदि मेक्सिम गोर्की शून्य से शिखर तक पहुँच सकता है तो मैं भी कुछ-कुछ अवश्य पा सकता हूँ। इस के बाद मैंने अपने समय का एक-एक मिनट पढ़ाई पर लगाना शुरू कर दिया। मैंने यह समझ लिया था कि मेरे जीवन का रास्ता यहीं से बनेगा।"[19] बाबा साहेब डॉ. आंबेडकर किताबों से बेहद प्यार करते थे क्योंकि किताबें जिंदगी बदलती देती हैं। उन का अपना पुस्तकालय था जिस में तमाम तरह की पुस्तकें उपलब्ध थी। एक बेहतर मनुष्य बनाने में किताबों की बड़ी भूमिका रही हैं। जयप्रकाश कर्दम अपने शैक्षिक जीवन में बाबा साहेब डॉ. आंबेडकर की पुस्तक ठनकीं ।दक भ्पे कींउउं तथा चंद्रिका प्रसाद की पुस्तक बाबा साहेब डॉ. आंबेडकर का जीवन संघर्ष' इन पुस्तकों से प्रभावित रहें हैं। साथ ही पाश्चात्य लेखक मेक्सिम गोर्की की आत्मकथा (तीन भागों में) और चार पुस्तकें–'माँ, 'मेरा बचपन', 'मेरा विश्वविद्यालय' और 'जीवन की राहों पर' आदि मौलिक पुस्तकों में निहित विचारों से प्रभावित रहे हैं।"[20] किताबों ने जयप्रकाश कर्दम के जीवन को दिशा दी हैं। सच को जीने और जानने की नयी सोच और दृष्टि दी हैं।

बुद्ध, कबीर, रैदास, फुले और डॉ. आंबेडकर से मिली विरासत

दलितों को हिंदू धर्म से किसी भी तरह का लेना-देना नहीं है क्योंकि उनके पास अपनी विरासत मौजूद है। दलितों की वैचारिक विरासत वैज्ञानिक तथ्यों से जुड़ी

हुई है। जयप्रकाश कर्दम अपने जीवन में उन के वैचारिक चिंतन को गति प्रदान करने में समाज सुधारकों से मिली प्रेरणा को महत्त्वपूर्ण मानते हुए लिखते हैं–"वैचारिक रूप से गौतम बुद्ध, कबीर, रैदास, जोतिबा फुले और बाबा साहेब डॉ. आंबेडकर मेरे प्रेरणा स्रोत रहे हैं।"[21] इन समाज सुधारकों के विचार आज वैज्ञानिक दृष्टि और चिंतन की दलितों के पास एक विरासत के रूप में मौजूद हैं।

अनुशासन को मैं जीवन में सर्वोच्च महत्त्व देता हूँ

जयप्रकाश कर्दम अपने जीवन में अनुशासन को महत्त्वपूर्ण पहलू के रूप में स्वीकारते हुए कहते हैं–"अनुशासन को मैं जीवन में सर्वोच्च महत्त्व देता हूँ। प्रत्येक क्षेत्र में अनुशासन का पालन हमारी प्रगति के लिए सीढ़ी का काम करता है। समय और ऊर्जा हमारी सब से बड़ी पूँजी है। जिस प्रकार हम इस का उपयोग करते ह यही हमारे भावी जीवन की दिशा तय करता है।"[22] अनुशासन लेखक की जिंदगी का हिस्सा बना हुआ है, जिसके बल पर संकल्पों को अंजाम तक पहुँचाने के लिए उपयोग में लाया गया है।

मेरे दोस्त...सभी धर्मों, संप्रदायों और जातियों के लोग हैं

जयप्रकाश कर्दम अपनी मित्रता के संबंधों के बारे में कहते हैं–"मेरे दोस्त बहुत भिन्न तरह के हैं। उन में सभी धर्मों, संप्रदायों और जातियों के लोग हैं। मैं संकुचित नहीं हूँ और न मेरे अंदर कोई दुराग्रह है। मैं मानवीय मूल्यों को अत्यधिक महत्त्व देता हूँ और मैं स्वतंत्रता और समानता के आधार पर ही मित्रता रखता हूँ। किसी भी विषय पर हम परस्पर खुलकर अपने विचार व्यक्त करते हैं। उन को जो अच्छा लगता है वे वह कहते हैं और मुझे जो उचित लगता है वह मैं कहता हूँ। मैं इस बात को लेकर कोई चिंता नहीं करता कि कोई मेरे समाज के बारे में क्या सोचता है या क्या सोचेगा। इस प्रकार की संकीर्णता अपने अंदर रखने वाला व्यक्ति मेरा मित्र नहीं रह सकता। मेरे मित्र मुझे अच्छी तरह समझते हैं और मुझे प्यार करते हैं।"[23]. ..–"मित्र बनाना मेरी कमजोरी भी है। मैं बहुत जल्दी लोगों पर विश्वास करता हूँ, मित्र बन जाता हूँ या बना लेता हूँ और मित्रता का मूल्य समझते हुए बड़े से बड़ा सहयोग करने में तत्पर रहता हूँ।"[24] उन के मित्रों के नाम हैं- किशन चन्द टाइगर, ओमप्रकाश गौतम, प्रीतम कुमार। जयप्रकाश कर्दम के व्यक्तित्व का यहाँ एक महत्त्वपूर्ण पहलू है। संवेदनशील एवं भावुकता उन के मित्रों के संबंधी विचार इस का प्रमाण हैं, वे लिखते हैं–"कई बार मित्रों से ही मैंने धोखा खाया है, आहत भी हुआ हूँ

और उन की उपेक्षा का शिकार भी बना हूँ लेकिन मैंने मित्रों पर विश्वास करना नहीं छोड़ा है।"[25]

संबंधों को उन की ऊष्मा, ऊर्जा और भावना के साथ जीया जाना चाहिए

मानवीय संबंधों के संदर्भ में जयप्रकाश कर्दम लिखते हैं–"मैं मानवीय संबंधों को बहुत महत्त्व देता हूँ। संबंध चाहे पारिवारिक हो, मित्रतापूर्ण या व्यावसायिक। प्रत्येक संबंध का अपना महत्त्व है। मनुष्य को मनुष्य बनाए रखने में संबंधों की बड़ी महत्त्वपूर्ण भूमिका होती है इसलिए संबंधों को उन की ऊष्मा, ऊर्जा और भावना के साथ जीया जाना चाहिए।"[26] संवेदनशीलता और मानवीय सरोकारों और भाईचारे को उन के जीवन में ऊँचा स्थान है।

शिक्षा और स्वास्थ्य मेरी दृष्टि से...

दुनिया में शिक्षा मानवीय विकास का आविष्कार है और स्वास्थ्य मनुष्य की अमूल्य संपत्ति है। शिक्षा और स्वास्थ्य के बल पर मनुष्य अपना जीवन सुखी-संपन्नता के साथ जीता है। जयप्रकाश कर्दम मानवीय जीवन में शिक्षा और स्वास्थ्य की महत्ता को स्वीकारते हुए लिखते हैं–"जीवन की अधिकांश समस्याओं का समाधान शिक्षा में है। शिक्षा से व्यक्ति में ज्ञान का विस्तार और चेतना का विकास होता है। अच्छे रोजगार के अवसर उपलब्ध होते हैं। व्यक्तित्व निखरता है, जिस से हीनता-बोध का नाश तथा सम्मान और स्वाभिमान की भावना पैदा होती है।"[27]..."शिक्षा और स्वास्थ्य मेरी दृष्टि से ये दो सर्वप्रमुख क्षेत्र है जिन पर हमें अधिक से अधिक ध्यान देना चाहिए। निवेश के लिए भी इन से बेहतर कोई अन्य क्षेत्र नहीं हो सकता।"[28]

मद्यपान से अभी तक दूर हूँ

कोई भी व्यसन मनुष्य के जीवन में कई संकट लेकर आता है। जयप्रकाश कर्दम व्यसन मुक्त है। वे कहते हैं–"समाज में बहुत से लोग विभिन्न प्रकार के व्यसनों के शिकार हैं। दलित समाज भी इस बुराई से अछूता नहीं है। दलितों में शराबखोरी, जुआ आदि अनेक प्रकार की बुराइयाँ हैं। किंतु सब से बड़ा व्यसन है-मद्यपान का। मजदूर वर्ग के बहुत से लोग मद्यपान के व्यसनी हैं। वे जितना कमाते हैं उसका बड़ा हिस्सा मद्यपान या नशाखोरी पर खर्च कर देते हैं। मद्यपान अपने आप में अनेक समस्याओं और बुराइयों की जड़ है। मद्यपान का व्यसन व्यक्ति को मानसिक,

शारीरिक के साथ-साथ सामाजिक रूप से भी पतन की ओर ले जाने वाला है। दलित समाज को अर्थ और ऊर्जा के महत्त्व को समझना बहुत जरूरी है। जब तक लोग इन व्यसनों से मुक्त नहीं होंगे उनकी प्रगति की संभावनाएँ क्षीण रहेंगी।"[29]...–"मद्यपान से अभी तक दूर हूँ। पान, सिगरेट आदि का भी शौक नहीं रखता।"[30] महानगरीय जीवन में ऐसे बहुत कम लोग मिलते हैं जो अपने जीवन मूल्यों को सहेजकर आदर्श बर्ताव करते हैं।

मैं बचपन से ही महत्त्वाकांक्षी और परिश्रमी रहा हूँ

पिता की टी.बी. से असमय हुई मृत्यु के कारण जयप्रकाश कर्दम का बचपन अभावों और संघर्षों से घिरा रहा है। लेकिन इन निराशा और हाताशा के दौर से लेकर अभावों और संघर्षों से न कभी हार मानी और न कोई समझौता किया। बल्कि एक यौद्धा की तरह उन प्रतिकूल परिस्थितियों से लड़ते रहें हैं। वे कहते हैं–"मैं बचपन से ही मजबूत इरादों वाला, महत्त्वाकांक्षी और परिश्रमी रहा। किशोर अवस्था से ही मेरे मन में यह बात बैठ गयी थी कि मुझे हिम्मत नहीं हारनी है, अपनी प्रतिकूल परिस्थितियों पर विजय प्राप्त करनी है तथा समय और समाज को अपनी उपस्थिति का अहसास कराना है। प्रतिकूल सामाजिक सांस्कृति परिवेश के चलते निरंतर मेरा मार्ग बाधित रहा, किंतु मैं कभी हताश या निराश नहीं हुआ। बल्कि और अधिक उत्साह और लगन रो अपने संघर्ष पथ पर अग्रसर रहा।"[31]..."मेरे पास मेरी इच्छा शक्ति, दृढ़ संकल्प और कड़ी मेहनत के अलावा और कुछ नहीं था। मैंने कड़ी मेहनत की।"..."मैंने अपने समय और ऊर्जा का उपयोग किया, जो कि मेरी एकमात्र पूँजी थी।"[32] जीवन में आर्थिक और सामाजिक संघर्षों का सामना करना पड़ा है। "डगर से लेकर राजपथ तक के संघर्षशील यात्री के रूप में उनका जीवन उभरा है।"[33]

तब नैमिशराय कहने लगे...

..."जून का महीना था। कच्चा मकान था। आँगन में नीम का पेड़ था। पेड़ के नीचे एक टूटी चारपाई पड़ी थी। उस पर एक नौजवान बैठा चिंतन में मगन था। पसीना सिर से टप-टप गिर रहा था मगर ध्यान एक चित्त था। ऐसी स्थिति में मेरठ के पत्रकार मोहनदास नैमिशराय ने जब देखा तो वे अपनी बहन से पूछने लगे यह कौन है? जो इतनी गर्मी में भी टकटकी लगाए पढ़ रहा है। बहन बोली भाई यह जयप्रकाश कर्दम है। तब नैमिशराय कहने लगे नाम तो सुना है। पर ऐसे बच्चे ही कामयाब होते हैं। यह घटना गाज़ियाबाद से हापुड़ रोड पर बसी इन्द्रगढ़ी गाँव की है।"[34]

मैंने सदैव परिश्रम को सफलता का सर्वोच्च सूत्र माना है

अध्ययन और श्रम जयप्रकाश कर्दम ने बचपन से किया हैं। अपनी रचनाओं में निहित तथ्य को समाज के हित में स्थापित करने के लिए लेखन प्रक्रिया में कठोर परिश्रम उठाते हैं। वे लिखते हैं–"एक व्यक्ति के रूप में और एक लेखक के रूप में भी मैंने सदैव परिश्रम को सफलता का सर्वोच्च सूत्र माना है। अधिक से अधिक पढ़ना लेखक के लिए बहुत जरूरी है। पढ़ने से नए विचार, नई सूचनाएँ मिलती है। तार्किकता बढ़ती है, तथा अच्छा साहित्य सृजित करने की समझ मिलती है। अपनी रचनाओं से कभी-भी संतुष्ट नहीं होना चाहिए। लिखने के बाद अपनी रचना को पुनः पढ़ने से उस की कमजोरियाँ पता चल जाती है, उन कमजोरियों को दूर करने के लिए रचना को पुनः लिखना चाहिए। मुझे यह बताने में कोई संकोच नहीं है कि अपनी कुछ रचनाओं को मैंने कई बार री-राइट किया है।"[35]

जीओं और जीने दो

जयप्रकाश कर्दम जी एक प्रामाणिक तथा ईमानदार व्यक्ति के रूप में परिचित है। वे कहते हैं–"अपनी प्रगति के लिए दूसरों को पीछे धकेलना, गिराना, धोखा देना या अन्य कोई अनैतिक रास्ता अपनाना जीवन के मुलभूत सिद्धांत के विरुद्ध है, 'जो जीओं और जीने दो' पर आधारित है।"[36] समाज में ऐसे लोग सम्मान के पात्र हैं क्योंकि वे खुद की विकास प्रक्रिया में दूसरों की हानि देखना नहीं चाहते हैं।

मैं उस सब को एक तरह से जीता हूँ जो कुछ लिखता हूँ

जयप्रकाश कर्दम कहते हैं–"मैं किसी भी विषय पर लिखने से पहले उस पर गंभीरता से विचार करता हूँ और जब अच्छी तरह कनविंस हो जाता हूँ तो लिखना शुरू कर देता हूँ। एक बार रचना का प्लॉट या खाका बन जाए फिर लिखना आसान हो जाता है। मैं विषय के साथ या तो जुड़ा होता हूँ या स्वयं को जोड़ लेता हूँ। या यूँ कहिए कि लेखन के दौरान मैं उस सब को एक तरह से जीता हूँ जो कुछ लिखता हूँ। यह प्रक्रिया मुझे उस विषय के प्रति गंभीर और समाज के प्रति संवेदनशील बनाए रखती है।"[37] जयप्रकाश श्रमसाध्य रचनाकार और अध्ययनशील स्वभाव के व्यक्ति हैं। रचना से खुद को संतुष्टि होने तक वे इस में सुधार करके लिखते हैं। रचनाकार की रचना के प्रति आत्मीयता के यहाँ दिखाई देती है।

मेरी दृष्टि में साहित्य का उद्देश्य

दलितों ने साहित्य लेखन अपना समय काटने के लिए, दूसरों का मनोरंजन करने के लिए अथवा पेट भरने के लिए नहीं शुरू किया है, बल्कि एक बेहतर मनुष्य, समाज और दुनिया बनाने के लिए किया हैं। जयप्रकाश कर्दम अपने साहित्य सृजन में निहित उद्देश्य के संदर्भ में लिखते हैं–"मेरी दृष्टि में साहित्य का उद्देश्य है, मनुष्य को बेहतर मनुष्य, समाज को बेहतर समाज और इस दुनिया को बेहतर दुनिया बनाना, जहाँ मनुष्य की पहचान उस की जाति, धर्म, नस्ल से न होकर मनुष्य के रूप में हो, और मनुष्य अपनी मनुष्यता के साथ जीये। ऐसा होने के लिए आवश्यक है समाज में समानता, स्वतंत्रता, न्याय और भ्रातृत्व का होना। इन्हीं मानवीय मूल्यों की रक्षा और इन का विकास ही साहित्य का उद्देश्य हैं। अंधविश्वास और आडंबर से मुक्त कर के समाज की सोच को वैज्ञानिक बनाने की दिशा में भी साहित्य महत्त्वपूर्ण भूमिका निभा सकता है।"[38] जयप्रकाश कर्दम प्रगतिशील विचारधारा के अनुयायी हैं। वे मनुष्य को मनुष्य के रूप में देखना चाहते है इसलिए इनका लेखन संवेदना और गरिमा का क्षेत्र है।

साहित्य-सृजन के साथ-साथ एक्टिविस्ट के रूप में...

..."केवल साहित्य लिखने मात्र से समाज का भला नहीं होगा, किंतु सामाजिक स्थिति में बदलाव साहित्य की बहुत बड़ी भूमिका होगी। साहित्य-सृजन और एक्टिविज्म को साथ मिलाना होगा। इसलिए साहित्यकार को साहित्य-सृजन के साथ-साथ एक्टिविस्ट के रूप में भी काम करना होगा। दलित समाज में शिक्षा का अभी अभाव है। सब लोग साहित्य नहीं पढ़ सकते। बहुत से लोग पढ़-लिख सकते हैं किंतु पेट भरने की भयंकर चुनौतियों के चलते उनकी साहित्य तक पहुँच नहीं हो पाती। यदि साहित्यकार आम जनता के बीच आकर समाज को आगे ले जाने वाले अपने विचारों को उनके साथ बांटे तो इस से उन को प्रेरणा मिलेगी तथा साहित्य की सार्थकता बढ़ेगी।"[39]

जीवन के प्रति मेरा दृष्टिकोण सदैव सकारात्मक रहा है

जयप्रकाश कर्दम मानवीय जीवन के प्रति अपने विचार व्यक्त करते हुए कहते हैं–"मैं मानता हूँ कि प्रकृति द्वारा प्रदत्त हमारा जीवन जीने के लिए है और सब को समान रूप से जीने का अधिकार और अवसर होना चाहिए। जीवन के प्रति मेरा दृष्टिकोण सदैव सकारात्मक रहा है, विपरीत परिस्थितियों में भी धैर्य बनाए रख कर

हमें आगे बढ़ने के लिए सतत् प्रयत्नशील रहना चाहिए। जीवन में सफलता के लिए कठिन परिश्रम, आत्मविश्वास तथा अपने कर्तव्य के प्रति निष्ठा और ईमानदारी का होना आवश्यक है। संघर्ष और आपदाएँ हमें मजबूती प्रदान करती हैं, हमें ताकत देती हैं।"[40] यह विचार मानवीय जीवन के लिए प्रेरणादायी है। वे कठिन परिश्रम, आत्मविश्वास और ईमानदारी को सफल जीवन की कुंजी मानते हैं।

नहीं, मैं ईश्वर को नहीं मानता हूँ

जयप्रकाश कर्दम दलित जाति में जन्म लेने के कारण वे दलित समाज की पीड़ा, व्यथा, दर्द, वेदना तथा उनकी तमाम समस्याओं से स्वानुभूत परिचित हैं। उन्होंने इसी अनुभूति को अपनी रचनाओं में रेखांकित कर दलित समाज के यथार्थता को उजागर करके उनके प्रगति के लिए मौलिक विचारों को अपने साहित्य सृजन के माध्यम से प्रस्तुत करने का एक महत् कार्य किया है। जयप्रकाश कर्दम के मन में दलितों के प्रति आस्था है। भाग्य और भगवान के बारे में जयप्रकाश कर्दम स्पष्ट शब्दों में कहते हैं–"नहीं, मैं ईश्वर को नहीं मानता हूँ।"[41] गौतम बुद्ध, कबीर, जोतिबा फुले और डॉ. आंबेडकर के विचारों के अनुयायी हैं। वे सृष्टि में मनुष्य की सत्ता को ही सर्वोपरि मानते हैं। अर्थात् मनुष्य की महत्ता को ही स्वीकारते हैं। वे अपने साहित्य सृजन के माध्यम से भी मानवतावादी मूल्यों का प्रचार-प्रसार करके मानवता के पक्षधर हैं।

व्यवस्था के प्रति विद्रोह की भावना मन में पैदा होने लगी

जयप्रकाश कर्दम अपने दलित साहित्य सृजन के बारे में लिखते हैं–"मेरा गाँव आंबेडकरवादी विचारों से परिचित और प्रभावित एक बहुल गाँव है। आजादी के बाद की पीढ़ी डॉ. आंबेडकर के विचारों से परिचित हुई तथा गाँव में बौद्ध धर्म और डॉ. आंबेडकर का प्रचार-प्रसार हुआ। बचपन से ही मैं इन विचारों के संपर्क में आया। सामाजिक-सांस्कृतिक कार्यकलापों में सक्रिय भागीदारी निभाते हुए मस्तिष्क में दलित प्रश्न कुलबुलाने लगे। व्यवस्था के प्रति विद्रोह की भावना मन में पैदा होने लगी और जब लिखना शुरू किया तो स्वाभाविक रूप से ये सब बातें ये सब प्रश्न मेरी रचनाओं का विषय बनने लगे।"[42] उन्होंने अनुभूति और संवेदना से प्रेरणा लेकर दलित साहित्य सृजन का कार्य हाथ में लिया है।

मेरे लिए साहित्य मनोरंजन से अधिक एक जंग है

साहित्य समाज को संवेदनशील बनाता हैं। साहित्य समाज में होने वाली गतिविधियों का विश्लेषण करता हैं साथ ही समाज के लिए वह दृष्टि का काम भी करता हैं। जयप्रकाश कर्दम कहते हैं–"मेरे लिए साहित्य मनोरंजन से अधिक एक जंग है। जंग है उन विषमताओं और विसंगतियों के खिलाफ, जिन से हमारा पूरा समाज परेशान या कहें कि जूझ रहा है। इसलिए मैं संक्षेप में कहूँ तो साहित्य समाज परिवर्तन का एक हथियार या औजार है। लेकिन केवल साहित्य को कहूँ तो साहित्य लिखने भर से समाज में परिवर्तन नहीं आएगा। केवल उस से काम बनता नहीं। जितनी भी हमारी सामाजिक, राजनीतिक एजेंसियाँ हैं वे जब तक सामाजिक बदलाव के लिए तैयार नहीं होंगी, अपने-अपने स्तर पर सक्रिय नहीं होगी, तब तक सामाजिक बदलाव नहीं आएगा। इसलिए मैं ये मान कर चलूँ कि मैंने कुछ लिख दिया तो उस से बहुत बड़ी क्रांति आ जाएगी, ऐसा नहीं है। लेकिन निजी तौर पर यह जरूर मानता हूँ कि जब तक मैं साहित्य लिखता हूँ या जब तक पढ़ता हूँ, उतनी देर तक दुनिया की फालतू बातों से बचा रहता हूँ। विकास की ओर ले जाने और सामाजिक बुराइयों से बचाने में साहित्य काफी मददगार है। जब हम पढ़ते हैं तो जरूर कुछ न कुछ सीखते हैं और सीखी हुई चीज किसी न किसी रूप में हमें बढ़ने की प्रेरणा देती है। तो मैं साहित्य को इसी रूप में देखता हूँ कि यह सामाजिक बदलाव में बहुत बड़ी भूमिका निभा सकता है।"[43] गौतम बुद्ध, कबीर, महात्मा फुले और बाबा साहेब डॉ. आंबेडकर विचारों के अनुयायी एवं दलित जीवन के अनुभवों के भुक्तभोगी के रूप में जयप्रकाश कर्दम की पहचान है। अपनी शिक्षा का उपयोग अपने समाज के प्रति कर्त्तव्य तथा दायित्व समझकर दलितों की पीड़ा को वाणी देने के लिए साहित्य सृजन किया है।

III

जयप्रकाश कर्दम का साहित्यक परिचय

जयप्रकाश कर्दम उन विशिष्ट साहित्यकारों में से एक हैं, जिन्होंने अपनी रचनाओं को जिंदगी के अनुभवों से जोड़ने की चुनौती स्वीकार की है। उन्हें गहरे यथार्थ से जोड़ा है। जयप्रकाश कर्दम का रचना संसार सृष्टि में मात्र आदमी की पहचान बनाने की अथक कोशिश लगता है। उन्होंने साहित्य के क्षेत्र में उपन्यास, कहानी, कविता, आलोचना-विचार प्रबंध, अनुवाद, बाल साहित्य आदि विधाओं का सृजन करके बड़ा योगदान निभाया है। उनके मौलिक साहित्य सृजन से साहित्य क्षेत्र

में उनका व्यक्तित्व सम्माननीय और प्रशंसनीय बना है। जयप्रकाश कर्दम के साहित्य का विवरण यहाँ पर इस प्रकार प्रस्तुत हैं–

उपन्यास

1. करुणा, 2. छप्पर

बाल उपन्यास

1. श्मशान का रहस्य

कहानी संग्रह

1. तलाश, 2. खरोंच

कविता संग्रह

1. गूंगा नहीं था मैं
2. तिनका-तिनका आग
3. बस्तियों के बाहर

विचार प्रबंध/आलोचना

1. वर्तमान दलित आंदोलन
2. आंबेडकरवादी आंदोलन : दशा और दिशा
3. डॉ. आंबेडकर : दलित और बौद्ध धर्म
4. हिंदुत्व और दलित : कुछ प्रश्न कुछ विचार
5. इक्कीसवीं सदी में दलित आंदोलन : साहित्य एवं समाज चिंतन
6. दलित विमर्श : साहित्य के आइने में
7. बौद्ध धर्म के आधार स्तम्भ

शोध-प्रबंध

1. राग दरबारी का समाजशास्त्रीय अध्ययन

संपादित पुस्तकें

1. जाति : एक विमर्श
2. बौद्ध धर्म और दलित
3. गुलामगिरी

बाल साहित्य

1. महान बौद्ध बालक
2. मानवता के दूत
3. बुद्ध की शरणागत नारियाँ
4. बुद्ध और उनके प्रिय शिष्य
5. बुद्ध का समय
6. बौद्ध दर्शनिक
7. बौद्ध गाथाये
8. डॉ. आंबेडकर का बचपन
9. डॉ. आंबेडकर और उनके समकालीन
10. संतों की दुनिया
11. आदिवासी देवकथा-लिंगो
12. हमारे वैज्ञानिक–सी. वी. रमन

अनुवादित पुस्तक

1. चमार ('दि चमार्स' का अंग्रेजी से हिंदी में अनुवाद)

प्रकाशित पुस्तकें

1. हिंदी दलित साहित्य में सामाजिक-सांस्कृतिक चेतना।
2. दलित साहित्य का दर्शन।
3. मेरे संवाद (साक्षात्कार)।

पत्र-पत्रिकाओं से जुड़ाव

1. आचार्य रामचन्द्र शुक्ल साहित्य शोध संस्थान, वाराणसी, (उत्तर प्रदेश) की त्रैमासिक शोध/आलोचना पत्रिका नया मानदंड के 'दलित चेतना', दलित

साहित्य' व 'दलित आत्मकथा' विशेषांकों का संपादन।

2. दलित साहित्य (वार्षिकी) का 1999 से निरंतर संपादन।

अन्य विवरण

1. अनेक महाविद्यालयों, विश्वविद्यालयों और उन से अन्य साहित्य सेमिनारों, संगोष्ठियों में शोध-पत्रों का वाचन, व्याख्यान।
2. मराठी, मलयालम, तेलगू, पंजाबी, गुजराती, बंगला व अंग्रेजी में रचनाएँ अनुदित।
3. छप्पर उपन्यास मराठी और तेलगु में अनुदित।
4. राष्ट्रीय स्तर पर विभिन्न पत्र-पत्रिकाओं में लेख, कहानियाँ, कविताएँ, रिर्पोताज, साक्षात्कार, समीक्षाएँ एवं स्मृति लेख आदि निरंतर प्रकाशित।
5. अनेक पुस्तकों-संग्रहों, विशेषांकों, स्मारिकाओं में रचनाएँ संग्रहित।
6. दूरदर्शन, आकाशवाणी के कई चैनल, केंद्रों से विभिन्न कार्यक्रमों के अंतर्गत वार्ताएँ आलेख, कविताएँ साक्षात्कार आदि प्रसारित।
7. सदस्य, हिंदी अकादमी, दिल्ली।

फैलोशिप/पुरस्कार/सम्मान

जयप्रकाश कर्दम की साहित्य सेवा और सशक्त साहित्य सर्जना तथा सामाजिक कार्यों के लिए भारत के अनेक लब्ध प्रतिष्ठित पुरस्कारों से उन्हें सम्मानित किया हुआ है, ये सम्मान एवं पुरस्कार निम्नांकित है–

1. मानव संसाधन विकास मंत्रालय (संस्कृति विभाग) भारत सरकार द्वारा फैलोशिप।
2. भारतीय बौद्ध महासभा, उत्तर प्रदेश द्वारा फैलोशिप।
3. उत्तर प्रदेश समाज विकास संगठन द्वारा बाबा साहेब डॉ. आंबेडकर रत्न पुरस्कार।
4. राष्ट्रीय अस्मितादर्शी साहित्य अकादमी, उज्जैन द्वारा साहित्य सारस्वत सम्मान।
5. भारतीय दलित साहित्य अकादमी, मध्यप्रदेश द्वारा संत कबीर सम्मान।
6. भारतीय दलित साहित्य अकादमी, उत्तर प्रदेश द्वारा संत रैदास सम्मान।
7. मध्य प्रदेश दलित साहित्य अकादमी द्वारा कृति सम्मान।
8. भारतीय दलित साहित्य अकादमी दिल्ली द्वारा बाबा साहेब डॉ. आंबेडकर राष्ट्रीय सम्मान।
9. बहुजन अन्याय एक्शन समिति, अमरावती (महाराष्ट्र) द्वारा सम्मान।

7. भारतीय दलित साहित्य अकादमी, भोपाल द्वारा बाबा साहेब डॉ. आंबेडकर अस्मिता सम्मान आदि।
8. सम्यक साहित्य रत्न' सम्मान, नयी दिल्ली।

जयप्रकाश कर्दम समाज में स्वतंत्रता, समता और भाईचारे को बढ़ावा देना अपने साहित्य का उद्देश्य मानते हैं। जाति की पीड़ा को समाज जीवन का अभिशाप मानकर विकास की प्रक्रिया में सभी को समान न्याय की माँग करते हैं। वे अपने जीवन संघर्ष के बारे में कहते हैं–"मेरा जीवन, जो अनेक प्रकार के उतार-चढ़ावों से भरा रहा है। जीवन के कंटीले-पथरीले, ऊबड़-खाबड़, दुर्गम रास्तों और तंग गलियों से गुजरते हुए मैं खुली सड़क तक पहुँचा हूँ।"[44] ...–"मुझे इस बात पर गर्व है कि दलित समाज में पैदा हुआ। इस से मुझे दलित समाज के दर्द को भोगने, समझने और उनके संघर्ष में शामिल होने का अवसर मिला। जीवन की घोर गरीबी तथा समाज से मिले जातिगत अपमान और उपेक्षा ने संघर्ष करके आगे बढ़ने की प्रेरणा दी। यह संघर्ष मेरी शक्ति बना है। मेरी जीवन यात्रा एक सतत संघर्ष की महागाथा से अलग और कुछ नहीं हैं। मुझे इस संघर्ष से प्यार है। मैं जीवन भर संघर्षशील रहना चाहता हूँ अपने लिए भी और समाज के लिए भी।"[45]

संक्षेप में, जयप्रकाश कर्दम का व्यक्तित्व उर्ध्वगामी दिखाई देता है क्योंकि वे आपत्तियों के कीचड़ में धसे रहने की अपेक्षा संघर्षरत बनकर इन आपत्तियों का सामना करने की दिशा में आगे बढ़ते हैं। तथाकथित सवर्ण समाज की जातिवादी मानसिकता से टकराते-टकराते उन्होंने अपने विकास का रास्ता बनाया है। एक दलित परिवार में जन्म लेकर भी उनकी रहन-सहन और सोच-विचार में बिल्कुल भी बेबसी या लाचारी दिखाई नहीं देती है। समाज में स्थित कमियाँ-खामियाँ कैसे दूर हो सकती है इसे लेकर बेहद गंभीर दिखाई देते हैं। अपने समाज में के प्रति उनके मन में बेहद प्रेम दिखाई देता है।

संदर्भ संकेत

1. मैं जीवन भर संघर्षशील रहना चाहता हूँ–जयप्रकाश कर्दम का साक्षात्कार, परिशिष्ट-1 से उद्धृत
2. वही
3. वही
4. वही
5. वही
6. वही
7. वही

8. वही
9. मेरे साक्षात्कार–जयप्रकाश कर्दम, अमन प्रकाशन, 104ए/80सी रामबाग, कानपुर-208 012 (उ. प्र.), प्रथम संस्करण-2013, पृ. 11-12
10. वही, पृ. 14
11. वही, पृ. 14
12. वही, पृ. 36
13. वही, पृ. 16
14. मैं जीवन भर संघर्षशील रहना चाहता हूँ–जयप्रकाश कर्दम का साक्षात्कार, परिशिष्ट-1 से उद्धृत
15. मेरे साक्षात्कार–जयप्रकाश कर्दम, अमन प्रकाशन, 104ए/80सी रामबाग, कानपुर-208 012 (उ. प्र.), प्रथम संस्करण-2013, पृ. 13
16. मैं जीवन भर संघर्षशील रहना चाहता हूँ–जयप्रकाश कर्दम का साक्षात्कार, परिशिष्ट-1 से उद्धृत
17. वही
18. वही
19. मेरे साक्षात्कार–जयप्रकाश कर्दम, अमन प्रकाशन, 104ए/80सी रामबाग, कानपुर-208 012 (उ. प्र.), प्रथम संस्करण-2013, पृ. 11-12
20. मैं जीवन भर संघर्षशील रहना चाहता हूँ–जयप्रकाश कर्दम का साक्षात्कार, परिशिष्ट-1 से उद्धृत
21. वही
22. वही
23. मेरे साक्षात्कार–जयप्रकाश कर्दम, अमन प्रकाशन, 104ए/80सी रामबाग, कानपुर-208 012 (उ. प्र.), प्रथम संस्करण-2013, पृ. 16-17
24. मैं जीवन भर संघर्षशील रहना चाहता हूँ–जयप्रकाश कर्दम का साक्षात्कार, परिशिष्ट-1 से उद्धृत
25. वही
26. वही
27. मेरे साक्षात्कार–जयप्रकाश कर्दम, अमन प्रकाशन, 104ए/80सी रामबाग, कानपुर-208 012 (उ. प्र.), प्रथम संस्करण-2013, पृ. 143
28. मैं जीवन भर संघर्षशील रहना चाहता हूँ–जयप्रकाश कर्दम का साक्षात्कार, परिशिष्ट-1 से उद्धृत
29. मेरे साक्षात्कार–जयप्रकाश कर्दम, अमन प्रकाशन, 104ए/80सी रामबाग, कानपुर-208 012 (उ. प्र.), प्रथम संस्करण-2013, पृ. 198
30. मैं जीवन भर संघर्षशील रहना चाहता हूँ–जयप्रकाश कर्दम का साक्षात्कार, परिशिष्ट-1 से उद्धृत
31. मेरे साक्षात्कार–जयप्रकाश कर्दम, अमन प्रकाशन, 104ए/80सी रामबाग, कानपुर-208 012 (उ. प्र.), प्रथम संस्करण-2013, पृ. 46

32. वही, पृ. 29
33. छप्पर–जयप्रकाश कर्दम, समता प्रकाशन, शाहदरा, दिल्ली-110 032, प्रथम संस्करण-1997, फ्लैप से उद्धृत
34. दलित अभिव्यक्ति : संवाद और प्रतिवाद, (संपादक) रूपचंद गौतम, नटराज प्रकाशन ए-507/12, करतार नगर, बाबा श्यामगिरी मार्ग, साउथ गामड़ी एक्सटेंशन, प्रथम संस्करण-2007 नयी दिल्ली-110 053, पृ. 5
35. मैं जीवन भर संघर्षशील रहना चाहता हूँ–जयप्रकाश कर्दम का साक्षात्कार, परिशिष्ट-1 से उद्धृत
36. वही, पृ.
37. मेरे साक्षात्कार–जयप्रकाश कर्दम, अमन प्रकाशन, 104ए/80सी रामबाग, कानपुर-208 012 (उ. प्र.), प्रथम संस्करण-2013, पृ. 132
38. मैं जीवन भर संघर्षशील रहना चाहता हूँ–जयप्रकाश कर्दम का साक्षात्कार, परिशिष्ट-1 से उद्धृत
39. मेरे साक्षात्कार–जयप्रकाश कर्दम, अमन प्रकाशन, 104ए/80सी रामबाग, कानपुर-208 012 (उ. प्र.), प्रथम संस्करण-2013, पृ. 140
40. मैं जीवन भर संघर्षशील रहना चाहता हूँ–जयप्रकाश कर्दम का साक्षात्कार, परिशिष्ट-1 से उद्धृत
41. वही
42. वही
43. वही
44. मेरे साक्षात्कार–जयप्रकाश कर्दम, अमन प्रकाशन, 104ए/80सी रामबाग, कानपुर-208 012 (उ. प्र.), प्रथम संस्करण-2013, पृ. 13
45. वही, पृ. 45

अध्याय-3

दलित साहित्य–अस्मिता, अवधारणा और आंदोलन

भारत में सब से पहले दलित अस्मिताओं को लेकर साहित्यिक दुनिया में कब से लिखना आरंभ हुआ? क्या मुख्यधारा से अलग दलित साहित्य की आवश्यकता है? दलित साहित्य की अवधारणा पर सोचने और उसे समझने के लिए इन दोनों सवालों का समाजशास्त्रीय दृष्टि से अध्ययन-विश्लेषण करना चाहिए है। साथ ही इसके लिए तथागत गौतम बुद्ध से लेकर कबीर, रैदास, अछूतानंद, पेरियार, नारायण गुरु, ज्योतिबा फुले और बाबा साहेब डॉ. आंबेडकर के समय, समाज और सोच-विचार को बारिकी से जानना और उसे समझना अत्यंत आवश्यक है।

I

भारत में दलित साहित्य बाबा साहेब डॉ. आंबेडकर के समय से महाराष्ट्र में मराठी भाषा में लेखन आरंभ होने के संकेत दिखाई देते है। दलित साहित्य की अवधारणा के शुरूआती दौर में ब्राह्मणवादी और तथाकथित सवर्णों द्वारा प्रबल विरोध हुआ हैं। दलित साहित्य की अवधारणा पर अनेक आरोप हुए। लेकिन काफी जद्दोजहद के बाद मराठी में पराधीन और अधिकार-विहीन अछूत समाज की अस्मिताओं का साहित्यिक स्थान 1965-70 के आस-पास स्थापित होने के संकेत दिखाई देते हैं। 1970 से 1990 के बीच मराठी के साथ-साथ भारत की दूसरी भाषाओं के क्षेत्रों में भी इस तरह का साहित्यिक आंदोलन शुरू हुआ। 1990 के आस-पास मंडल कमीशन के कारण दलित साहित्य की राष्ट्रीय स्तर पर चर्चा शुरू होने के प्रमाण उपलब्ध है। मराठी के बाद हिंदी भाषा और क्षेत्र में इस आंदोलन का ज्यादा प्रभाव दिखाई देता है। इसके बावजूद मराठी की तरह हिंदी में दलित साहित्य स्थापित हुआ हैं यह कहना मुश्किल है, क्योंकि हिंदी में अभी भी दलित साहित्य की स्वीकृति को लेकर संघर्ष जारी है। परंतु इसके विकास में निरंतर गति दिखाई देती है।

मराठी में दलित साहित्य बहुत ही कम समय में साहित्य की अनेक रचनात्मक विधाओं के रूप में लिखा हुआ दिखाई देता है। साहित्य में दलित लेखन की प्रत्येक विधा का महत्त्व अलग से स्थापित होता रहा है। दलित साहित्य के शुरूआती दौर से

इसकी अनेक विशेषताएँ समाज के ब्राह्मणवादियों और तथाकथित सवर्णों को प्रभावित करती आ रही है, जिसके कारण दलित साहित्य की एक वैश्विक स्तर पर व्यापक रूप में चर्चा भी हो रही है। जो लोग दलित अभिव्यक्ति को केवल भावनिक और प्रतिक्रियावादी लेखन कहकर इसे खारिज करने की कोशिश करते हैं, उनके जवाब में मराठी के आंबेडकरवादी लेखक बाबूराव बागुल दलित साहित्य को प्रतिरोध की संस्कृति और क्रांति का विज्ञान घोषित करते है।

साहित्य क्या है और साहित्य और समाज का संबंध क्या है? साहित्य का उद्देश्य क्या होना चाहिए? आदि सवालों को लेकर निरंतर बहसें होती आ रही हैं। लेकिन अब इसका निश्चित जवाब नहीं ढ़ढ पाये। "साहित्य राष्ट्र की तेजस्विता की तथा नैतिकता की बुनियाद है! मानव हृदय में उदात्त विचार और श्रेष्ठ भावनाओं की उत्पत्ति साहित्य से ही होती है। साहित्य वैचारिक पूँजी देकर मानव मन को समृद्ध बनाता है। मानव को विपन्नावस्था से संपन्नावस्था की ओर, निष्क्रियता से कर्त्तव्य की ओर, विकार से विचार की ओर और विषमता से समता की ओर जो ले जाता है, और मानव मन को समृद्ध करता है, वही श्रेष्ठ साहित्य होता है। परंतु क्या आज तक मराठी साहित्य में ऐसा हुआ है? इस पर विचार करने पर ऐसा दिखाई देता है कि, आज तक अधिकतर साहित्यकारों ने सत्य को छोड़, असत्य की ही पैरवी की है। मानव जीवन के मूल दर्शन की ओर अनदेखा कर उस पर कृत्रिम और बनावटी दर्शन का मुलम्मा चढ़ाया गया है। मानव जीवन में स्थित अन्याय, असत्य, अज्ञान, अंधश्रद्धा और विषमता के विरोध में विद्रोह कर समता, स्वतंत्रता, करुणा एवं बंधुता का पुरस्कार करनेवाले समृद्ध साहित्य का निर्माण करने के बजाय निकृष्ट, दिशाहीन और दमन करने वाला साहित्य लिखकर समाज को पाखंडी दर्शन सिखाया गया है। जो वास्तव में नहीं हैं ऐसे काल्पनिक साहित्य का निर्माण कर सफेदपोशों ने साहित्य में स्थित स्वर्ग को नरक बनाया है, ऐसा यदि कहा जाए तो अतिशयोक्ति नहीं होगी।"[1] साहित्य में कल्पना और यथार्थ के बीच जो फर्क है उस फर्क के कारण दलित साहित्य की अवधारणा विकसित हुई है।

लेकिन—"सफेदपोश वर्ग के साहित्यकारों ने अपने कथात्मक साहित्य के द्वारा दलित, बौद्ध, आदिवासी तथा अन्यों के जीवन पर बहुत कुछ लिखा है, परंतु वह काल्पनिक, विसंगत और विकृत है! उच्चवर्ग के साहित्यकार दलित जीवन पर न लिखें यह हमारा कहना नहीं, वे जरूर लिखें, परंतु वह लेखन अनुभूति तथा जीवन के एहसास से युक्त हो। लेकिन ऐसा नहीं होता। क्योंकि उन रचनाकारों को दलितों के जीवन का अनुभव नहीं रहता। रहता है केवल कल्पना विलास। मात्र कल्पनाओं के आधार पर वे दलितों के जीवन-चित्रण में रंग भरते हैं। इस कारण उनके साहित्य में

यथार्थ का अभाव दिखाई देता है।"[2] गैर-दलित साहित्य में दलित जीवन के अनुभवों का अभाव होने के कारण दलित लेखकों ने उनके दलित विषयक लेखन को नकारते हुए दिखाई देते हैं।

दलितों के अद्‌भुत अनुभवों के साहित्य ने भारत के सारे शोषितों-उपेक्षितों को आंदोलित कर दिया है। उन्हें उनके अस्तित्व और उनकी अस्मिताओं के प्रति जागृत किया है। दलित साहित्य ने ब्राह्मणवादी साहित्य की दुनिया को कड़ी चुनौती दी है। उनके द्वारा अब तक के लिखे गए सारे दलित विषयक लेखन पर अनेक सवाल उठाये गये हैं जिसके कारण उनकी सामाजिक और साहित्यिक प्रतिबद्धता को संदेह के कठघरे में खड़ा किया गया है। ब्राह्मणवादी परंपरा के काल्पनिक व पौराणिक साहित्य प्रवाह के खिलाफ यथार्थ दुनिया के मनुष्य ने अपनी यातनाओं से लेकर संघर्षों और स्वप्नों तक के सफर को अभिव्यक्त किया है जिसके कारण भारतीय साहित्य में दलितों का लेखन साहित्य की दुनिया में सब से ज्यादा सशक्त और लोकप्रिय साबित हो रहा है।

दलित साहित्य की ओर गैर-दलित लेखकों, आलोचकों और पाठकों का ध्यान आकर्षित क्यों हुआ? इस ध्यानकर्षण का क्या कारण हो सकता है? अब तक लिखे गए ब्राह्मणवादी साहित्य में सामज के सब से निचले हिस्से के शोषित लोगों का जीवन अदृश्य क्यों रहा है? छुआछूत और गुलामी से उत्पीड़ित समाज के लोगों का चित्रण मुख्यधारा के साहित्य जगत में क्यों नहीं हुआ? यह सवाल दलितों और शोषितों ने पूछना शुरू किया तब इस अद्‌भुत और नये अनुभवों से वे विचलित हुए। ब्राह्मणों और तथाकथित सवर्णों के लिए दलित जीवन के अनुभव एकदम नये और अद्‌भुत थे। अगर कहीं हुआ भी है तो उसका स्वरुप उन छुआछूत और गुलामी में जी-मर रहे समाज को संदेहास्पद दिखाई क्यों देता है? लेकिन जब खुद उस अछूत दलित लोगों ने उनकी जिंदगी की अनकही दास्ताँ के बारे में सोचना शुरू किया, सोचते-सोचते बोलना और लिखना शुरू किया। साहित्य और विचारधारा की दुनिया में इस बात को लेकर गंभीर बहसें शुरू हुईं। दलित साहित्य की प्रामाणिक अभिव्यक्ति को संदेह की निगाह से देखना शुरू हुआ। उसकी अवधारणा पर अनेक सवाल उठाये गए। इस दलित अभिव्यक्ति को सिरे से खारिज करने की एक साजिश के तहत हजारों कोशिशें की गई हैं।

दलित साहित्य के प्रति गैर-दलित लेखकों और आलोचकों की दृष्टि किसी प्रकार की रही है? "काशीनाथ सिंह ने कहा था कि–"दलितों पर लिखने के लिए दलित होना आवश्यक नहीं है, हिंदी में दलित लेखक हैं, दलित साहित्य नहीं है।"...रामदरश मिश्र ने लिखा–"साहित्य में आरक्षण नहीं चल सकता। साहित्य हल्ले-गुल्ले

से भी नहीं चलता।"...दूधनाथ सिंह ने कहा–"जन्मना दलित ही दलित लेखक होगा, यह मान लेने के बाद गुणवत्ता का प्रश्न फिलहाल कहाँ उठता है। सिर्फ कैटेगरी ही रह जाती है।"...नामवर सिंह ने कहा–"मूल पौधा तो मराठी का है, अब हिंदी में इसकी कलम लगाई जा रही है।"...डॉ. मैनेजर पाण्डेय ने एक संगोष्ठी में कहा कि–"पाठ्यक्रम तो एक म्यूजियम है, जब चीजें पुरानी हो जाती हैं, उन्हें म्यूजियम में रख दिया जाता है। दलित साहित्य तो जीवंत साहित्य है, उसे जनता के बीच रहना चाहिए।"...शैलेश मटियानी ने अपने लेख 'दलित लेखक और दलित साहित्य' में लिखा–"छोटी कृतियाँ या छोटे कृतित्व को आसमान की ओर उछालना आगे की संभावनाओं के रास्ते बंद करना है।"[3] गैर-दलित लेखकों और आलोचकों के विचार दलित साहित्य के विरोध में दिखाई देते हैं। लेकिन इस विरोध के पीछे का कारण क्या हैं? इस विरोध के पीछे का कारण दलितों की नजरों में एकदम स्पष्ट है–वर्चस्व और श्रेष्ठत्व की सोच को बढ़ावा देना ही कहा जा सकता है।

जब दलितों का साहित्यिक आंदोलन देश दुनिया में चर्चित तथा स्थापित होने लगा तब गैर दलित साहित्यकार सवाल करने लगे कि–'क्या साहित्य को दलित साहित्य के नाम से प्रचारित करना सही है? क्या साहित्यकार के लिए दलित शब्द का संबोधन करना जरूरी है? इसके संदर्भ में निर्मला जैन लिखती हैं–"दलित साहित्य, दलित लेखन, या दलित विमर्श जैसे पदों के बारे में मुख्य बहसतलब बात तो यही है कि इनमें प्रयुक्त 'दलित' शब्द 'साहित्य', 'रचना' और 'विमर्श' का विशेषण है या 'साहित्यकार', 'लेखक' और 'विमर्शकार' का। 'रचना' या 'विमर्श' के विशेषण के रूप में यह कृति या विमर्श के केन्द्रीय सरोकार या अन्तर्वस्तु की प्रकृति का संकेत करेगा। रचनाकार या विमर्शकार के विशेषण के रूप में यह रचनाकारों के बीच जाति-व्यवस्था को प्रस्तावित करेगा। जिसकी चरम परिणति इस सूत्र में होने का खतरा पैदा होगा, 'दलितों के द्वारा, दलितों के बारे में, दलितों के लिए लिखा गया साहित्य'। जाहिर है रचनाकार से पाठक तक यह किसी का अभिप्रेत नहीं हो सकता। यह मान्यता कि गैर-दलितों/सवर्णों ने दलित जीवन और उस से संबद्ध मुद्दों पर जो लिखा है, उसे दलित-लेखन में शामिल नहीं किया जाना चाहिए, रचनाकारों और पाठकों के बीच पारस्परिक अविश्वास को जन्म देती है। एक दूसरे की नीयत पर संदेह साहित्यिक जातिवाद पैदा करता है। अपने जीवन और पीड़ा का चित्रण करने वाले रचनाकार का दृष्टिकोण प्रतिपक्ष के प्रति वस्तुनिष्ठ और ईमानदार है, इसका निर्णय कैसे किया जाएगा। यह एक ऐसा कुतर्क है जिसके कारण दलित उपजातियों के रचनाकारों के बीच भी अब आरोप-प्रत्यारोप के सिलसिले की शुरूआत हो गई है।

आत्मकथात्मक लेखन के बारे में यह मान्यता, कुछ हद तक स्वीकार्य हो

सकती है पर क्या दलित-लेखन आत्मकथात्मक रचनाओं तक ही सीमित है? इस तर्क से क्या हर लेखक केवल आपने समवर्गीय या समानधर्मीयों के बारे में लिखेगा यानी सवर्ण, सवर्णों के बारे में, स्त्रियाँ, स्त्रियों के बारे में, बच्चे, बच्चों के बारे में। कुछ और आगे बढ़ें तो ब्राह्मण, क्षत्रिय और वैश्य, अल्पसंख्यक, सभी चित्रण की विश्वसनीयता पर सवाल उठाएँगे। और फिर प्रकृति, पशु-पक्षियों की भूमिका का क्या होगा। उनके प्रति भी तो दृष्टिकोण एक-सा नहीं होता। दरअसल, रचना की पूरी प्रक्रिया आत्म से आत्मेतर की पारस्परिकता और संवाद की राह से गुजरती है। वह न एकान्त आत्मलाप होती है न निपट संबोधन। निजी संदर्भों में जितनी आत्मनिष्ठता अपेक्षित होती है, आत्मेतर प्रसंगों में उतनी ही आत्मातिक्रमण।"[4] निर्मला जैन दलित समाज के भीतर पनप रहे अन्तर्विरोधों की ओर ध्यान आकर्षित करती हैं। साथ ही दलित साहित्य को जाति विरोधी नहीं बल्कि जाति के भीतर संकीर्ण सोच को बढ़ावा देनेवाला साहित्य घोषित करने की कोशिश भी करती हुई दिखाई देती हैं।

II

ब्राह्मणवादी औरसाहित्य के प्रति तथाकथित सवर्ण मार्क्सवादी सकारात्मक दिखाई देते हैं लेकिन दलित साहित्य के प्रति हिंदी के शीर्ष मार्क्सवादी आलोचक नामवर सिंह क्या कहते हैं? दलित साहित्य को लेकर नामवर सिंह स्पष्ट कहते हैं–"दलित साहित्यकारों में जो अच्छा लिखते हैं तो दलित होने के कारण नहीं बल्कि जिसको मैंने कहा है कि हम उस तलवार को देखते हैं। साहित्य के क्षेत्र में हम जात-पाँत का विचार नहीं करते। ब्राह्मण खराब लिखता है तो कहेंगे कि खराब लिख रहा है। हम अच्छी रचना या रचनाकारों का स्वागत करते हैं, ऐसा करके हम उन पर कोई कृपा नहीं कर रहे होते हैं। पिछले कुछ सालों में अधिक उग्र रूप में ये लोग आग्रह करने लगे हैं कि दलित साहित्य नाम की श्रेणी अलग बना दी जाए, तो वो अलग श्रेणी तो नहीं बनाई जा सकती। तब तो ये होगा कि ब्राह्मण साहित्य होगा, क्षत्रिय साहित्य होगा। जातियों के अनुसार सवर्ण और अवर्ण का साहित्य होगा। ये लोग कहते हैं कि दलित के बारे में दलित ही लिख सकते हैं। दलित के बारे में सवर्ण नहीं लिख सकते हैं, अगर लिखेंगे तो वो प्रामाणिक नहीं होगा। वे इसे भोगा हुआ यथार्थ कहते हैं। साहित्य इस सिद्धांत को नहीं मानता है।"[5]

प्रगतिशील लेखक संघ के अध्यक्ष नामवर सिंह को हिंदी साहित्य में मार्क्सवादी आलोचक के रूप में जाना पहचाना जाता है। दलित लेखन के शुरूआती दौर से ही नामवर सिंह के विचार दलित साहित्य की अवधारणा से बिल्कुल असहमत दिखाई देते है। जिसके कारण दलित साहित्यकारों की नजरों में उनकी छवि अलोकतांत्रिक और

सामंतवादी सोच के आलोचक के रूप में स्थापित हुई है। लेकिन नामवर सिंह के इस असहमति और उनके अलोकतांत्रिक बयानों के पीछे कोई पुख्ता तर्क और प्रामाणिक विचार भी नहीं दिखाई देते है, बल्कि हमेशा से दोहरी मानसिकता से ग्रस्त और वर्चस्व के टूटने के खतरे के भय से पीड़ित दिखाई देते हैं। निरंतर नाक-भौंह सिकोड़ कर दलित साहित्य को जातीय घृणा फैलाने वाला साहित्य कह कर इसे खारिज करने की नाकाम कोशिश करते दिखाई देते हैं। असल में, दलित साहित्य वर्ण, वर्ग, वंश, धर्म और जाति वर्चस्व के विरोधी होने के बावजूद इस बात को जान-बूझ कर अनदेखा क्यों कर रहे हैं? वर्ण, वर्ग, वंश, धर्म और जाति की दृष्टि से अब तक जो भी साहित्य लिखा गया है वह ब्राह्मण, क्षत्रिय और वैश्य समाज के लोगों द्वारा ही लिखा गया है। लेकिन गैर-दलितों के इस लेखन को दलित क्यों खारिज कर रहे हैं इस का विवेक-बुद्धि और तर्क-तथ्यों के आधार पर समाजशास्त्रीय दृष्टि से अध्ययन विश्लेषण करना आवश्यक है।

साहित्य को साहित्य के सिद्धांत के अनुसार देखा जाए तो आज स्त्री, दलित, आदिवासी साहित्य के अलग प्रवाह क्यों स्थापित हो रहे हैं? और ये प्रवाह केवल अपनी ही नहीं बल्कि समूचे मानवता की अस्मिता को बनाए-बचाए रखने के लिए क्यों संघर्ष कर रहे हैं? दिन-प्रतिदिन अन्याय, अत्याचार, तिरस्कार और बहिष्कार के खिलाफ आवाज क्यों उठा रहे है? इन सवालों पर ब्राह्मणवादियों और तथाकथित सवर्णों का साहित्य क्यों मौन हैं? क्या जिसे नामवर सिंह साहित्य और साहित्य के सिद्धांत कहते हैं उस साहित्य और साहित्य के सिद्धांतों में कहीं कोई कमी तो नहीं है? अगर कहीं कोई कमी है तो यह कमी कौन पूरी करेगा? साहित्य और साहित्य के सिद्धांत क्या होने चाहिए ये कौन तय करेगा? नामवर सिंह के द्वारा जब साहित्य के सिद्धांत तय करने की बात कही जाती है तब दलित चिंतक कंवल भारती द्वारा उन्हें हिंदी साहित्य के शंकराचार्य और उसके निर्णायक और नियंत्रक कहा जाना उचित ही कहा जा सकता है।

इसी कड़ी में जयप्रकाश कर्दम लिखते हैं—"जब-जब नामवर सिंह ब्राह्मणवाद की आलोचना करते हैं, 'दुश्मन का दुश्मन अपना दोस्त' के सिद्धांत को अपनाते हुए दलित साहित्यकार उन को अपना समर्थक मान बैठते हैं। किन्तु दलित साहित्य के संबंध में उनका असली चिंतन तब सामने आता है जब वह दलित साहित्य और साहित्यकारों पर नकारात्मक टिप्पणी करते हैं। नामवर सिंह वस्तुतः एक सामंतवादी आलोचक हैं। ब्राह्मणवाद और सामंतवाद के बीच वर्चस्व के संघर्ष और विरोध का एक इतिहास है। ब्राह्मणवाद के साथ नामवर सिंह का भी विरोध है। यहाँ इस बिंदु की स्पष्ट समझ आवश्यक है कि नामवर सिंह का ब्राह्मणवाद-विरोध सामंतवाद का ब्राह्मणवाद विरोध है, जबकि दलित साहित्य का विरोध ब्राह्मणवाद और सामंतवाद

दोनों से है। दोनों में से किसी ने भी दलितों के साथ कभी कोई प्यार या अपनापन नहीं रखा है। ब्राह्मणवाद के विरुद्ध वर्चस्व की लड़ाई में दलित को एक हथियार के रूप में इस्तेमाल भले ही कर लिया जाए, कोई सामंतवादी लेखक दलित समर्थक या दलित हितैषी नहीं हो सकता। नामवर सिंह भी इस का अपवाद नहीं हैं।"[6] जयप्रकाश कर्दम ने नामवर सिंह के माध्यम से गैर-दलित लेखक-आलोचक के दोहरे चरित्र का खुलासा किया है। इसके बावजूद गैर-दलित लेखक-आलोचक नामवर सिंह के दलित विरोधी विचारों के साथ खड़े नजर आते है।

ब्राह्मणवादी और तथाकथित सवर्ण साहित्यकारों और आलोचकों के दोहरे चेहरे और चरित्र को दलित लेखकों और आलोचकों ने बेनकाब किया है। डॉ. जयप्रकाश कर्दम लिखते हैं–"दलित साहित्य दलितों की संवेदना के साथ-साथ सामाजिक चेतना का साहित्य भी है। दो शब्द हैं-सहानुभूति और स्वानुभूति। दलित साहित्य स्वानुभूति का साहित्य है। दलितों ने जैसा जिया, भोगा, महसूस किया, वही सब साहित्य में अभिव्यक्त किया। जो लोग सहानुभूति से लिख रहे हैं, दलित की पीड़ा को समझ कर उनसे जुड़कर लिख रहे हैं वो भी समाज में चेतना ला रहे हैं। लेकिन जो गैर-दलित, दलित के जीवन पर लिख रहे हैं वो दलित साहित्य नहीं हो सकता क्योंकि वो सहानुभूतिपरक है। उसका हम सम्मान करते हैं, उसका सद्‌भावना के साथ स्वागत करते हैं, लेकिन वो स्वानुभूति नहीं है। जब सवर्ण छात्र मुझे स्कूल में ढेड, चमट्टे, रड्ड कहकर संबोधित करते थे तो उस समय जो पीड़ा मुझे हुई, जो आग मेरे अंदर लगी, उस पीड़ा को याद करते हुए आज भी तड़प उठता हूँ। जो मुझे महसूस होता है वो आप नहीं समझ सकते। आप सहानुभूति रख सकते हैं पर सहानुभूति और स्वानुभूति में बड़ा अंतर है।"[7] डॉ. जयप्रकाश कर्दम दलित साहित्य की भूमिका स्पष्ट करते हुए नामवर सिंह के सवाल का तर्कसंगत जवाब देते हैं। लेकिन इस तार्किक जवाब का नामवर सिंह जैसे दोगले चरित्र पर कोई असर पड़ सकता हैं यह सोचना तक व्यर्थ हैं। क्योंकि इन तथाकथित सवर्णों को इन्हें इनकी संस्कृति इस ईमानदारी को बरतने की बिल्कुल भी इजाजत नहीं देती है।

एक ओर मार्क्सवादी आलोचक नामवर सिंह निरंतर दलित साहित्य के विरोध में बोलते रहे हैं तो दूसरी ओर मार्क्सवाद के समर्थक डॉ. मैनेजर पाण्डेय दलित साहित्य की अवधारणा को लेकर सकारात्मक दृष्टि से सोचते रहे हैं–"हिंदी के कई मार्क्सवादी आलोचक दलित साहित्य की आलोचना करने के लिए उन्हीं तर्कों का सहारा लेते हैं जो कलावादियों के हैं। लेकिन कुछ दूसरे वर्गवाद के नाम पर दलित साहित्य का विरोध करते हैं। वर्गवाद और राष्ट्रवाद को मिलाकर जातीयता की धारणा बनाते हैं और साहित्य को उसी कसौटी पर कसते हैं। ऐसे लोग दलित साहित्य के

आंदोलन को हिंदी साहित्य की जातीयता के लिए खतरा मानते हैं। लेकिन उनकी जातीयता के परंपराबोध में हिंदी क्षेत्र की दलित जातियों पर हुए अनंत अमानुषिक अत्याचारों की कोई स्मृति नहीं होती और दलितों के संघर्ष की कोई पहचान भी नहीं। ऐसी जातीयता और उसके परंपराबोध को दलित क्यों स्वीकार करेंगे।"[8] दलित साहित्य ने समाज को एक नयी सोच दी है, नया विचार दिया है। शोषित मनुष्य के जीवन को नया अर्थ, आशय और संदर्भ दिया हैं। इस नये सोच-विचार, अर्थ, आशय और संदर्भ को डॉ. मैनेजर पाण्डेय समाज में फैले वर्ण, वर्ग, वंश और जातिगत भेदभाव के जहर को खत्म करने के लिए 'दलित साहित्य' को एक आंदोलन के रूप में स्वीकारने के पक्ष में खड़े तो दिखाई देते है लेकिन जब दलित साहित्य को अकादमिक दुनिया का हिस्सा बनाने की बात होती है तब अपने दोनों हाथ ऊपर करते हुए क्यों नजर आते है? क्या इस सवाल का जवाब मैनेजर पाण्डेय की परंपरा के लेखकों और आलोचकों के पास मौजूद है?

III

जिन्हें अछूत कहा गया हैं वे मनुष्य नहीं हैं? अगर नहीं हैं तो क्यों नहीं हैं? और है तो मुझे ब्राह्मण और दलित इन दोनों के जिंदगी में जमीन और आसमान के जैसा अंतर क्यों दिखाई देता। ब्राह्मणवादी सिद्धांतों से प्रेरित गैर-दलित साहित्य और दलित साहित्य की वैचारिकी में जो विशेष अंतर दिखाई देता है उसके संदर्भ में रमणिका गुप्ता लिखती हैं–"जब अभिजन और दलित के जीने का ढंग, सोचने की प्रक्रिया, बोलने की शैली, यहाँ तक की दोनों की संस्कृति अलग-अलग है और उनके रिश्ते की भी पूर्व परिभाषा (भाग्यवादी परिभाषा) बदल गई है और वह अब शोषक और शोषित के रिश्ते में बदल गई है तो, जिसमें एक को अधिकार संपन्न का दर्जा प्राप्त है दूसरे को अधिकारविहीन का, तब दोनों का साहित्य एक कैसे हो सकता है?"[9] दलित जब ब्राह्मणों से सामाजिक सांस्कृतिक स्तर पर अलग हो सकते हैं, तब उनकी साहित्यिक अभिव्यक्ति अलग क्यों नहीं हो सकती? डॉ. मैनेजर पाण्डेय और रमणिका गुप्ता दोनों मार्क्सवादी आलोचक दलित साहित्य की अंतर्वस्तु और मूल्यों की विशेषताओं को स्पष्ट करते हैं। अस्पृश्यों और स्त्रियों के जीवन के हादसों की दास्ताँ की कहानी नहीं है बल्कि समग्र भारतीय समाज का, विशेषतः हिंदू जीवन के अमानवीय चेहरे और दोहरे चरित्र का लेखा-जोखा है इस बात से सहमत दिखाई देते हैं। ये वह जीवंत ऐतिहासिक दस्तावेज हैं जो अब तक के लिखे गए मुख्यधारा के साहित्य के इतिहास में पूरी तरह से अदृश्य रहा है। एक तरह की वर्चस्व और विकृत मानसिकता के तहत वर्ण-व्यवस्था को स्थापित किया गया है।

मैं कहता हूँ–दलित साहित्य अछूत लागों के मानवीय अधिकारों का महायुद्ध है। इस महायुद्ध में मानवता का विनाश नहीं बल्कि विकास दिखाई देता है। लेकिन इस बात को समझने में गैर-दलितों के साथ-साथ कुछेक दलित भी गलती कर रहे हैं। मैं उन दलितों को ओमप्रकाश वाल्मीकि दलितों में से कुछ उभरते ब्राह्मणवादी लेखकों की ओर इशारा करते हुए लिखते हैं–"दलित लेखकों में भी ऐसे अनेक लेखक हैं, जो दलित साहित्य को अपमान बोधक मानते हैं, ऐसे दलित लेखक ब्राह्मणवाद से आतंकित हैं। उनकी वैचारिक चेतना एक दायरे में घूमती है। जैसे उन्हें लगता है कि दलितों का 'आत्मकथा' लेखन एक निकृष्ट कर्म है। अपने घरों की दबी-ढकी बातों को उघाड़कर जग जाहिर कर रहे हैं, जिन्हें पढ़कर गैर-दलितों का मनोरंजन होता है और दलितों में हीन भावना उत्पन्न होती है। ऐसे वक्तव्य देते समय वे भूल जाते हैं कि डॉ. आंबेडकर द्वारा चलाए गए दलित आंदोलन के कारण जो संवैधानिक आरक्षण का लाभ मिला, उसे हथियाने में ये ब्राह्मणवादी दलित सब से आगे खड़े हो जाते हैं। तब इन्हें हीनताबोध नहीं सताता। 'ब्राह्मण' बनने की इनकी होड़ इन्हें समाज की उन्नति के विषय में सोचने ही नहीं देती। इनके आचार, विचार, रहन-सहन पर ब्राह्मणवादी परंपराओं के अनुकरण की झलक साफ-साफ दिखाई पड़ती है। उनकी सामाजिक धारणाएँ, मान्यताएँ, समाज-व्यवस्था और उसे बदलने वाले साधन, क्रांतिकारी संघर्ष और आंदोलन आदि उनकी मानसिक सोच में बैठते ही नहीं हैं। उनकी वैचारिक नपुंसकता उन्हें सिर्फ अवसरवादी बनाती है।"[10] कुछेक दलितों द्वारा भी दलित साहित्य का विरोध हो रहा है। साथ ही ओमप्रकाश वाल्मीकि ऐसे ब्राह्मणवादी मानसिकता से ग्रस्त हुए दलितों से सचेत रहने की सलाह देते हैं। लेकिन दलितों का अंतिम लक्ष्य स्वयं प्रबुद्ध मनुष्य बनकर समाज को भी प्रबुद्ध समाज बनाना है।

दलित साहित्य को आंबेडकरवादी साहित्य क्यों कहा जाए इस पर अर्जुन डांगले कहते हैं–"अगर किसी ने मुझे सवाल पूछा कि दलित साहित्य और आंबेडकरवाद इनमें अटूट ऐसा रिश्ता मानते है तो दलित साहित्य को आंबेडकरवादी साहित्य कहने पर आपका आक्षेप क्यों? इस पर मेरा जवाब है, मेरा बिल्कुल आक्षेप नहीं, मेरी इतनी ही अपेक्षा है कि दलित साहित्य यह वैश्विक वाङ्मय में मान्य हुई संज्ञा नकार कर आंबेडकरवादी साहित्य ऐसा नामांतर करना पड़ेगा। दलित साहित्य के आंदोलन ने अनेक सवाल खड़े किए। फिर उस में साहित्य की ओर देखने का दृष्टिकोण, जीवनानुभव, समीक्षा मूल्य, सौंदर्यमूल्य, भाषा, व्याकरण, शब्दों के अर्थ ऐसे अनेक विषय है। इन सारे विषयों की पक्ष-विपक्ष चर्चा अनेक स्तरों पर हुई हैं। 'दलित साहित्य' आंदोलन की ऐसे किन सवालों से मुठभेड़ करने में कमी रही है इसलिए उस का नामांतर करना चाहिए ऐसा लग रहा है, यह मैं जानना चाहता हूँ। संक्षिप्त में, ऐसी

कौन-सी परिस्थिति निर्माण हुई जिसके कारण दलित साहित्य यह संज्ञा निकालनी चाहिए लगा?"[11] अर्जुन डांगले के अनुसार दलित साहित्य की प्रेरणा आंबेडकरवाद है। इसलिए दलित साहित्य के नामकरण में दलित साहित्यकारों को अपनी ऊर्जा नष्ट नहीं करनी चाहिए बल्कि बाबा साहेब डॉ. आंबेडकर के सपनों का भारत निर्माण करने की दिशा में अपनी सोच को विकसित करना चाहिए।

दलित साहित्य ने भारतीय समाज के अदृश्य रहे ब्राह्मणों के दोहरे चरित्र और चेहरे को बेनकाब किया है। शोषकों के पुरखों और बाप-दादाओं का असली इतिहास देश-दुनिया के सामने लाने की कोशिश की है। इस ऐतिहासिक दस्तावेज के निर्माण की जो प्रक्रिया है, उसके लिए प्रामाणिक अनुभवों के आधार की शर्त तय की गई हैं। इसी शर्त को लेकर विचारधारा और साहित्य की दुनिया में अनेक विवाद भी हुए हैं। इन विवादों पर साहित्य में विशेष चर्चा भी हुई हैं। दलित समाज के ये प्रामाणिक अनुभव सिर्फ किसी एक व्यक्ति के निजी जीवन तक ही सीमित नहीं हैं, बल्कि ये प्रामाणिक अनुभव सारे भारतीय पराधिन, अधिकार-विहीन दलित और गैर-दलित समाज के सच को भी बेनकाब करने के लिए सशक्त रहे हैं। वैसे भी दलितों में अच्छाइयों और बुराइयों को छिपाने की प्रवृत्ति या परंपरा नहीं हैं, बल्कि उनमें उस पर बेबाक बोलने, सुनने और उसे कलमबद्ध करने की साहसिक संस्कृति विकसित हुई हैं। इसे दलित साहित्य की आत्मकथाओं, कविताओं और कहानियों में देखा जा सकता हैं। इन अस्पृश्यों और स्त्रियों को उनके शोषित-उत्पीड़ित जीवन की तल्ख सच्चाइयों का साहित्य के मुख्यधारा की सृजनशीलता में अभाव दिखाई देता है। उनके जीवन की सच कही अभिव्यक्त हुई भी है, तो उस में सामाजिक चेतना की धार नहीं के बराबर है। इसका कारण साफ है–अनुभूति और अभिव्यक्ति की प्रामाणिकता का नितांत अभाव का होना।

यह बात जग जाहिर है कि दलित लेखन के शुरूआती दौर से ही 'दलित साहित्य की अवधारणा' को लेकर उसकी प्रामाणिकता, पवित्रता और उत्कृष्टता के सिद्धांतों के आधार पर साहित्य में अनेक विवाद हुए हैं। दरअसल, इस विवाद ने दलित लेखन को कमजोर नहीं किया, बल्कि ज्यादातर मजबूत ही किया है। इसी कारण से दलित लेखकों ने उनकी साहित्यिक भूमिका को विवेक-बुद्धि और तर्क के आधार पर विस्तार से स्पष्ट किया है। दलित लेखकों की साहित्य की ओर देखने की समाजशास्त्रीय दृष्टि रही है लेकिन गैर-दलित साहित्य के प्रति ओमप्रकाश वाल्मीकि लिखते हैं–"हिंदी साहित्य में समाजशास्त्रीय समीक्षा का नितांत अभाव है, बल्कि नहीं के बराबर है। जैसे-जैसे समाजशास्त्रीय दृष्टि, भौतिकवादी दृष्टि पर विचार किया जाएगा वैसे-वैसे जीवन के प्रश्नों, उनका भीषण स्वरुप, उनके विरुद्ध संघर्ष, इन

सबकी पड़ताल साहित्य में होगी। इसके लिए रचनाकारों, कलाकारों को सामाजिक जीवन में व्याप्त तुच्छता, विषमता, अंतर्द्वन्द्व का चित्रण करना होगा। आज का हिंदी साहित्य मुट्ठी-भर लोगों की इच्छा, आकांक्षा, काल्पनिक रम्य चित्रण, खोखले आदर्शों को प्रतिबिबिंत करनेवाला साहित्य है।"[12]

दलित लेखन का लक्ष्य वर्ण, वर्ग, वंश, हिंदुत्व और जाति के जहर को खत्म करके समताधिष्ठित समाज को स्थापित करना रहा है। शुरू से दलित लेखकों का विरोध और निषेध अमानवीय विचारधारा की व्यवस्था के खिलाफ रहा है। जिस तरह से समाज में गैर-दलितों का दलितों की ओर देखने का जो नजरिया रहा है, उसी तरह उनके साहित्य की ओर भी देखा जा रहा है। स्त्री, शूद्र और अतिशूद्र जिस तरह से समाज में मनुष्य होने के सारे अधिकारों से वंचित और उपेक्षित रहे हैं, उसी तरह से साहित्य में भी उनका जीवन उपेक्षित रहा है। गैर-दलितों द्वारा अब तक लिखे गए साहित्य को देखा जाये तो यह बात बिल्कुल स्पष्ट हो जाती है कि वैदिक साहित्य उनके लेखन की प्रेरणा उच्च वर्ण, वर्ग और वंश ही उनके साहित्य के विषय रहें हैं। उनके लेखन के केंद्र में शोषित मनुष्य के जीवन का सच दूर-दूर तक दिखाई नहीं देता है। जिस समाज में वे रह रहें हैं उसी समाज के लोगों का एक बड़ा हिस्सा हजारों सालों से वर्ण, वर्ग, वंश, हिंदुत्व, जातिप्रथा और ईश्वर के नाम पर और निचली जाति में जन्म होने के कारण से शोषित रहा है। दिन-प्रतिदिन इस शोषण का स्वरुप व स्तर बढता ही जा रहा है। अछूत और अपवित्र कह कर उन्हें मानवीय धिकारों से बहिष्कृत रखा जा रहा है। भारतीय समाज में वैदिक धर्म और द्विजों द्वारा संचालित वर्ण, वर्ग, वंश, हिंदुत्व और जाति के जहर ने मनुष्य को सछूत-अछूत, और पवित्र-अपवित्र की श्रेणी में विभाजित किया है। मनुष्य का श्रम और जन्म इन दोनों आधार पर विभाजन किया गया है। लेकिन श्रम से ज्यादा जन्म पर मनुष्य की पहचान बना दी गईं है इस बात को बाबा साहेब डॉ. आंबेडकर ने सप्रमाण साबित किया है।

IV

साहित्य को समाज का दर्पण कहा जाता है और जिस समाज का साहित्य दर्पण है उसी समाज का एक हिस्सा उस दर्पण से अदृश्य रहा है, उस दर्पण से उनकी संस्कृति का, उनके इतिहास का दृश्य कैसे अदृश्य रहा है? भारतीय समाज में जो लोग अस्पृश्य और गुलाम थे वही लोग मुख्यधारा के साहित्य में अदृश्य रहे हैं। जब इन अस्पृश्य और गुलामों ने साहित्य में हस्तक्षेप करना शुरू किया तब उन्हें उनके अतीत की यातनाओं ने बेचैन किया, छुआछूत और गुलामी के बीच जीने-मरने के संघर्षों और स्वप्नों की दुनिया के सच को उकेरना शुरू किया। वर्ण, वर्ग, वंश, हिंदुत्व, जाति और

ईश्वर की दहशत के नीचे दबे उनके अस्तित्व, उनकी संस्कृति और उनके इतिहास को दलित साहित्यकारों ने खोजना शुरू किया है। जिसके ज़रिये गैर-दलितों को दलित साहित्यकारों ने उनकी यातनामय जीवन की दासता से खूब परिचय भी कराया है। सिर्फ परिचय ही नहीं कराया हैं, बल्कि उनकी सोयी हुई संवेदनाओं को जगाने का साहस भी किया है। उन्हें हिंदुत्व की पाखंडता और ऊँच-नीच की मानसिकता से ऊपर उठने की नसीहत देकर मानवीय मूल्यों की शिक्षा देने की कोशिश भी की है।

साहित्य की दुनिया में 'दलित साहित्य' शब्द का प्रयोग सब से पहले कब और क्यों हुआ, यह जानना-समझना आवश्यक है। क्योंकि इस शब्द के सकारात्मक और नकारात्मक इन दोनों पक्ष को लेकर काफी विवाद हुए हैं। बाबा साहेब डॉ. आंबेडकर के लोक शिक्षा प्रसार मंडल ने 1984 में 'दलित सेवक साहित्य संघ' नाम से संस्था स्थापित की थी। इसी 'दलित सेवक साहित्य संघ' संस्था का ही 1953 में 'दलित साहित्य संघ' के नाम से नामकरण किया गया है। प्रसिद्ध दलित पत्रकार आप्पासाहेब रणपिसे ने 'जनता' में 12/09/1953 के अंक में 'दलित साहित्य का समालोचन' शीर्षक से लेख लिखा हुआ था। इसी लेख में उन्होंने सब से पहले 'दलित साहित्य' शब्द का प्रयोग किया हुआ है। उन्होंने ही 1958 तक दलित साहित्य के संदर्भ में लगातार लेखन किया है। 20/02/1955 में 'दलित साहित्य की अनास्था' यह लेख 'जय भीम' साप्ताहिक में प्रकाशित हुआ था। 1 मार्च, 1958 में प्रबुद्ध भारत ने 'दलित साहित्य सम्मेलन' शीर्षक से विशेषांक निकाला था। बाबा साहेब डॉ. आंबेडकर ने 1954 में नागपुर में 'विदर्भ साहित्य संघ' में साहित्यकारों को भाषण दिया था। इसी भाषण के कुछ अंश दलित साहित्य का 'घोषणा पत्र' के रूप में चर्चित रहे हैं और कुछ दलित साहित्यकारों और समीक्षकों ने तो इसे 'दलित साहित्य का संविधान' भी कहा है।

दलित साहित्य की जो अवधारणा विकसित हो रही है उसमें जिन प्रवृत्तियों और विचारधारा की प्रेरणा रही है उसकी जाँच-परख करना भी आवश्यक है, क्योंकि बगैर किसी प्रेरणा, प्रवृत्ति और उद्देश्य के साहित्य की अवधारणा की संकल्पना साकार होना मुश्किल हो सकता हैं। दलित साहित्य के शुरूआती दौर में मार्क्सवाद अथवा ब्लैक लिटरेचर यह 'दलित साहित्य की प्रेरणा है इस बात की खूब चर्चा होती रही है लेकिन क्या ऐसा कहना तर्कसंगत हैं? हिंदुत्ववाद तो कतई नहीं है क्योंकि दलित लेखन कोई प्रतिक्रियावादी साहित्य नहीं है। जो वर्ण-व्यवस्था मानवीय मूल्यों और सामाजिक समता के खिलाफ है उस वर्ण-व्यवस्था का ब्राह्मणवाद घोर समर्थक ही नहीं, बल्कि जनक और पोषक भी रहा है। उसे दलित साहित्य की प्रेरणा कहना गलत है। इसी अमानवीय वर्ण-व्यवस्था के खिलाफ प्रतिक्रिया नहीं बल्कि प्रतिरोध में बाबा

साहेब डॉ. आबेडकर और दलित साहित्य का आंदोलन खड़ा रहा है। मार्क्सवाद नयी दुनिया की निर्मिति की बात जरूर करता है। उस नयी दुनिया में आर्थिक गैर-बराबरी समाप्त करने की और आर्थिक स्तर पर समानता लाने की कोशिश भी करता है। लेकिन सामाजिक विषमता की बुराइयों को जानने और समझने के बावजूद भी इसमें बदलाव लाने के बारे में मौन धारण क्यों करता है? जो कि भारतीय समाज में जाति और छुआछूत एक जटिल समस्या है। सामाजिक विषमता भारतीय समाज का सच हैं। यही सच लाखों-करोड़ों दलितों के दुःखों का कारण है। इन दलितों को जन्म से लेकर मृत्यु तक छुआछूत और गुलामी से छुटकारा नहीं है। यह दलित समाज जानवरों से भी बदतर स्थितियों-परिस्थितियों में जीने-मरने के लिए मजबूर हैं। पीने के लिए जल से लेकर जमीन और जमीर तक के लिए संघर्ष करना पडता है। इसके बावजूद मार्क्सवाद भारतीय पृष्ठभूमि में वर्ण-व्यवस्था की समस्या के बारे में गंभीरता से सोचता हुआ दिखाई नहीं देता है, जिसके कारण दलित समाज इस विचारधारा को सामाजिक बदलाव के लिए आधा अधूरा समझता है। लेकिन इसे मार्क्सवाद का विरोध नहीं कहा जा सकता, बल्कि इसकी कमी को पूरा किया जा सकता है। दलित समाज मार्क्सवादी विचारधारा के प्रति सकारात्मक दृष्टि से जुड़ा रहने की कोशिश भी करता रहा है, क्योंकि आर्थिक गैर-बराबरी और सामाजिक विषमता इन दोनों की जड़ ब्राह्मणवाद और पूँजीवाद को खत्म करने के लिए मार्क्सवादी और आंबेडकरवादी इन दोनों विचारधाराओं को एक-दूसरे के साथ समन्वय स्थापित करके आगे बढने में मदद हो सकती है। यह दोनों विचारधाराओं का समन्वय आज के समय और समाज की सख्त माँग भी है। यह माँग समाज के हित में जायज भी है।

दुनिया में ब्लैक लिटरेचर एक क्रांतिकारी साहित्यिक आंदोलन के रूप में जाना-पहचाना जाता रहा है। इस बात में कोई संदेह नहीं है कि जिस तरह से सारी दुनिया भर में मार्क्सवादी आंदोलन आर्थिक गैर-बराबरी मिटाने की भूमिका में लड़ रहा है उसी तरह भारत में दलित आंदोलन सामाजिक विषमता के खिलाफ खड़ा हुआ है। ब्लैक लिटरेचर भी नस्लभेद के खिलाफ आवाज उठाता रहा है। ब्लैक लिटरेचर सिर्फ एक लिटरेचर भर नहीं है, बल्कि नस्लभेद को जड़ से उखाड़ने के लिए संघर्ष कर रहा है। ब्लैक लिटरेचर एक क्रांतिकारी साहित्यिक आंदोलन है। दुनिया में मानव मुक्ति के तमाम आंदोलन में ब्लैक लिटरेचर का एक अपना विशेष महत्त्व रहा है। इस बात से सारी दुनिया सहमत भी हैं। डॉ. जयप्रकाश कर्दम कहते हैं–"नीग्रो और दलित दोनों की परिस्थितियाँ अलग प्रकार की रही है। भारत में दलित अस्पश्यता के शिकार रहे हैं, नीग्रो लोग गुलाम थे, लेकिन अस्पृश्य नहीं थे। अस्पृश्यता से बड़ा मानवीय अत्याचार शायद कोई अन्य नहीं हो सकता। यह दोनों के बीच एक बड़ा अंतर है।

लेकिन इसके उपरांत दोनों ने दमन, शोषण और अमानवीयता का दंश झेला है, इस स्तर पर दोनों समान हैं। दोनों के बीच किसी प्रकार की तुलना करना उचित नहीं होगा, अंतर्राष्ट्रीय स्तर पर दोनों को एक मानकर चलना ही अधिक न्यायसंगत होगा।"[13] मार्क्सवाद और ब्लैक लिटरेचर इन दोनों विचारों में समाज के शोषित और उत्पीड़ित अस्मिताओं के हित की बात निहित है। मार्क्सवाद और ब्लैक लिटरेचर ये दोनों आंदोलन मनुष्य के अधिकारों की बात करते हैं। समूचे सृष्टि में मनुष्य को सब से सुंदर बनाने की कोशिश में निरंतर संघर्ष कर रहे हैं। दिन-प्रतिदिन इस उद्देश्य में इन्हें कामयाबी हासिल होंने के संकेत भी दिखाई दे रहे हैं।

ये आंदोलन तमाम मुश्किलों और मुसीबतों के बावजूद सकारात्मक विचारों से लैंस होकर संघर्ष पथ पर आगे बढ़ रहे हैं। जिन उद्देश्यों को लेकर ये दोनों आंदोलन सक्रिय रहे है उसी के समान्तर भारतीय पृष्ठभूमि में बाबा साहेब डॉ. आंबेडकर का दलित आंदोलन प्रभावी रूप से सक्रिय रहा है। इसलिए इन दोनों विचारधाराओं से 'दलित आंदोलन' की मित्रता हो सकती है और आज समाज में समग्र परिवर्तन लाने के लिए यह मित्रता होनी भी चाहिए। दलित साहित्य मार्क्सवाद का बिल्कुल भी विरोधी नहीं है बल्कि मार्क्सवाद के आवरण में छिप कर जो वर्ण, वंश और जाति के संस्कारों को बढ़ावा दिया जा रहा है उसका विरोध जरूर करता है। मार्क्सवाद और ब्लैक लिटरेचर मानवता के पक्षधर है। लेकिन मार्क्सवाद और ब्लैक लिटरेचर ये दोनों विचार प्रवाह 'दलित साहित्य' की प्रेरणा हैं ऐसा कहना और इस बात का प्रचार-प्रसार करना तथ्यहीन है, क्योंकि दलित साहित्य का उद्‌भव और विकास भारतीय पृष्ठभूमि में हुआ है। जहाँ मार्क्सवाद और ब्लैक लिटरेचर का आंदोलन हुआ है वहाँ की सामाजिक संरचना और दलित साहित्य का जहाँ आंदोलन शुरू हुआ है वहाँ की सामाजिक संरचना, इन दोनों सामाजिक संरचनाओं में अनेक तरह की भिन्नता, विविधता मौजूद है। इस सामाजिक संरचना की भिन्नता, विविधता के कारण ही शोषण के और संघर्ष के स्तर और उसके स्वरुप में भिन्नता व विविधता दिखाई देती है। इस बात को हम अनदेखा नहीं कर सकते। क्योंकि शोषण के स्वरुप को समझे बगैर इसे नजरअंदाज करके सामाजिक सुधार या सम्यक परिवर्तन की बात करना बेमानी होगीं।

V

ब्राह्मणों ने हमेशा बाबा साहेब डॉ. आंबेडकर को मार्क्स के खिलाफ खड़ा करने की कोशिश की है। लेकिन दलित चिंतकों ने ब्राह्मणों की इस साजिश का बेनकाब किया है। बाबा साहेब डॉ. आंबेडकर और मार्क्स के बीच वैचारिक संबंध

और संदर्भ क्या हैं? क्या बाबा साहेब डॉ. आंबेडकर मार्क्सवाद के विरोधी थे? इन सवालों पर कंवल भारती लिखते हैं–"दलितों को यह अच्छी तरह समझ लेने की जरूरत है कि आंबेडकर कम्युनिस्ट विरोधी नहीं थे। यदि दलितों को यह मालूम है कि आंबेडकर पूँजीवाद के समर्थक नहीं थे, सामंतवाद के समर्थक नहीं थे, ब्राह्मणवाद के समर्थक नहीं थे, सांप्रदायिकता और जाति भेद के समर्थक नहीं थे तो वे कम्युनिस्ट नहीं थे तो क्या थे? यदि दलित यह मानते हैं कि डॉ. आंबेडकर ईश्वरवादी नहीं थे, भाग्यवादी नहीं थे, नियतिवादी नहीं थे, पूर्वजन्म और पुनर्जन्म की धारणाओं को नहीं मानते थे, अंधविश्वास, पाखंड को नहीं मानते थे, धर्म के नाम पर यज्ञ बलि और अध्यात्म को नहीं मानते थे तो वे कम्युनिस्ट नहीं थे तो क्या थे? यदि दलित इस बात को स्वीकार करते हैं कि डॉ. आंबेडकर ने संविधान सभा को ज्ञापन देकर राज्य समाजवाद स्थापित करने की माँग की थी, श्रमिक वर्ग के प्रत्येक सदस्य को मार्क्स का कम्युनिस्ट घोषणा-पत्र पढ़ने को कहा था और श्रमिकों को ही देश का नेतृत्व करने के योग्य माना था, तो वे कम्युनिस्ट नहीं थे तो क्या थे?...यह सवाल भी बेहद गैर जरूरी है कि डॉ. आंबेडकर कम्युनिस्ट पार्टी से अलग क्यों रहे? वाम विचारक अपने से यह सवाल नहीं करते कि क्यों कम्युनिस्ट पार्टी आंबेडकर को नहीं जोड़ सकी? क्यों कम्युनिस्ट दलितों को नहीं जोड़ सके?"[14] कंवल भारती के अनुसार बाबा साहेब डॉ. आंबेडकर मार्क्सवाद के विरोधी नहीं थे। क्योंकि समाजवाद, मार्क्सवाद की वैचारिकी है और बाबा साहेब डॉ. आंबेडकर समाजवाद के प्रबल समर्थक थे। कंवल भारती ने दलित आंदोलन को वर्ण संघर्ष के साथ-साथ वर्ग संघर्ष को भी स्वीकारने की सलाह दी है।

बाबा साहेब डॉ. आंबेडकर जाति की जड़ खोजने की ओर मुड़े और हिंदुत्व के मानव विरोधी सोच का खुलासा करने लगे। लेकिन इस आंदोलन में वे कम्युनिस्ट पार्टी से अलग क्यों रहें? इस वामपंथी सवाल पर कंवल भारती लिखते हैं–"पलट कर इन विचारकों से यह क्यों नहीं पूछा जाना चाहिए कि कम्युनिस्ट केरल में मुस्लिम लीग से क्यों जुड़े जो मुसलमानों के मजहब और शरीयत की बात करती है? क्यों वे लेनिन के इस मत की आड़ में कि 'धर्म व्यक्ति का निजी मामला है' अपने धर्म और अपने जातीय संस्कारों के दास बने रहे? आंबेडकर का मामला कुछ भी पेचीदा नहीं है। यदि इन कम्युनिस्ट विचारकों में कोई भी आंबेडकर की जगह होता अर्थात् वह अछूत पृष्ठभूमि से आया होता तो उसका सारा समय अछूतपन के खिलाफ लड़ने में ही बीतता। अस्पृश्यता के खिलाफ लड़ाई बहुत जरूरी थी क्योंकि यह बहुत ही अपमानजनक प्रथा थी। यह संघर्ष इतना बड़ा था कि डॉ. आंबेडकर को समाजवादी अर्थ व्यवस्था के लिए आंदोलन करने का अवसर ही न मिल सका, जिसका लाभ पूँजीवाद ने उनके

प्रति भ्रम फैला कर उठाया। योग्य वामपंथी विचारकों का दायित्व यह बनता था कि वे आंबेडकर के रचना संसार का गहरा अध्ययन करते और उनके समाजवादी स्वरूप को सामने लाते। वे उन परिस्थितियों का भी अध्ययन करते जिनके कारण उन्होंने धर्मांतरण किया। उनके बौद्ध धर्म ग्रहण करने की घटना को भी हिंदुओं और पूँजीवाद के दलाल लेखकों ने राष्ट्रवाद से जोड़कर देखा जबकि उन्होंने बौद्ध धर्म इसलिए अपनाया था कि वह दलितों को समाजवाद का रास्ता दिखाता है।"[15] समाजवाद को स्थापित करने के लिए बाबा साहेब डॉ. आंबेडकर ने तथागत गौतम बुद्ध का धम्म स्वीकार किया है। लेकिन ब्राह्मणवाद ने इसके खिलाफ में अभियान शुरू किया है। कंवल भारती इस खतरे से दलितों को सचेत रहने की सलाह दे रहे हैं।

भारतीय मार्क्सवाद के दोहरे चरित्र और चेहरे के संदर्भ में ओमप्रकाश वाल्मीकि लिखते हैं–"दलित साहित्य न मार्क्सवाद का विरोधी है, न जनवाद का। दलित रचनाकार उस दोहरी मानसिकता का विरोधी है जो बाहर से मार्क्सवादी, साम्यवादी और भीतर से फासिस्टों की पक्षधर है। शोषणविहीन समाज की परिकल्पना को साकार करने के लिए मार्क्सवादी विचारक 'वर्ग' के साथ 'वर्ण' को अपनी लड़ाई का लक्ष्य बनाने में ढुलमुल क्यों हैं? भारतीय समाज में 'वर्ण' एक सच्चाई है जिसने सदियों से इस देश के जनमानस को सिर्फ टुकड़ों में ही नहीं बांटा, उनके मानवीय सरोकारों को भी छिन्न-भिन्न किया है। भारतीय मार्क्सवादी, प्रगतिवादी, जनवादी इस सच्चाई से कब तक मुँह मोड़े रहेंगे। यह लड़ाई किसी एक व्यक्ति की नहीं, उन तमाम लोगों की है जो मनुष्य की बेहतरी के लिए चिंतित हैं। सहमति और असहमतियों के बावजूद साहित्य को अपनी भूमिका पूरी ईमानदारी और जिम्मेदारी से निभानी होगी, तभी शोषण मुक्त समाज की परिकल्पना साकार होगी।"[16] शोषण के खिलाफ संघर्ष करने के लिए दलित साहित्य प्रतिबद्ध है लेकिन जो व्यक्ति, विचार और व्यवस्था मानवीय गरिमा और लोकतांत्रिक मूल्यों के खिलाफ है, उस व्यक्ति, विचार और व्यवस्था के विरोध में दलित साहित्य का आंदोलन शुरू हुआ है।

भारत में दलित साहित्य के उद्‌भव और उसके विकास की समृद्ध परंपरा रही है। इस परंपरा के पीछे गौतम बुद्ध, कबीर, ज्योतिबा फुले और बाबा साहेब डॉ. आंबेडकर जैसे समाज सुधारकों के क्रांतिकारी विचारों की वैज्ञानिक दृष्टि रही है। "कानून, राज्यशास्त्र, समाजशास्त्र ऐसे विविध ज्ञान के क्षेत्र में कुशल रहे डॉ. आंबेडकर को साहित्य में भी विशेष रूप से रुचि थी। वे समाज में सुधार लाने के लिए साहित्य की भूमिका महत्त्वपूर्ण मानते थे। उनका अंग्रेजी और मराठी साहित्य का काफी अध्ययन था। उन्होंने संत साहित्य पढ़ा था और हरिभाऊ का भी साहित्य उन्होंने पढ़ा था। ज्ञानेश्वर, मुक्तेश्वर इन का केवल भाषा वैभव उन्हें पसंद था। बाबा

साहेब डॉ. आंबेडकर ने 21/04/1940 में 'आशा प्रमोद' इस साप्ताहिक के संपादक ह. वि. देसाई को जो साक्षात्कार दिया है, उस से बाबा साहेब डॉ. आंबेडकर की साहित्य विषयक दृष्टि स्पष्ट होती है। उस साक्षात्कार में बाबा साहेब डॉ. आंबेडकर ने बताया, मनोरंजन के लिए कभी भी कुछ भी पढ़ा नहीं। पढ़ता नहीं। कथा-वाङ्मय से ज्यादा इतर ेवसपक वाङ्मय मैंने पढ़ा है। सीखने के लिए मैं वाङ्मय पढ़ता हूँ। मनोरंजन के लिए नहीं। ूपबी पदेजतनबजे उमए ंउनेमे उम! राजनीति के बाद पसंदीदा काम कह कर प ूवनसक कव सपजमतंतल ूवताण इसी साक्षात्कार में बाबा साहेब डॉ. आंबेडकर ने एक स्वतंत्र उपन्यास लिखने वाला हूँ,' ऐसी इच्छा भी व्यक्त की थी।"[17] बाबा साहेब डॉ. आंबेडकर साहित्य के महत्त्व का समर्थन करते थे। लेकिन उस साहित्य का जो मनुष्य के जीवन में बदलाव लाने के लिए प्रभावी हो।

भारतीय समाज में सामाजिक-सांस्कृतिक, आर्थिक, राजनीतिक और धार्मिक स्तर पर समता और मानवता स्थापित करना दलित साहित्य का मूल उद्देश्य रहा है। समाज में स्थित अन्याय, अत्याचार को जड़ से ध्वस्त करके समाज में न्याय और मानवीय अधिकारों का संरक्षण करना दलित साहित्यकार अपना उत्तरदायित्व समझता है। इस उत्तरदायित्व को दलित साहित्यकार ईमानदारी से निभाने की कोशिश भी करते आ रहा है। इसके लिए वह सदैव प्रतिबद्ध भी दिखाई देते हैं। एक बात साफ हैं कि दलित साहित्यकार संवेदनशील हैं, क्योंकि उनका सारा लेखन संघर्षशील मनुष्य के पक्ष में की गई सशक्त अभिव्यक्ति है। समाज के अंतिम छोर और स्वर पर स्थित मनुष्य की पीड़ा उनके लेखन की प्रेरणा और प्रमुख विषय हैं। उस अंतिम मनुष्य की पीड़ा से लेकर उसकी मुस्कान तक के समग्र जीवन संग्राम को उन्होंने उनके लेखन का आशय और विषय बनाया हुआ है। यही शोषित-उपेक्षित मनुष्य के जीवन का आशय और विषय उनके लेखन को व्यापक विचार और स्वरुप प्रदान करता है। उनके जीवन की यातनाएँ लिखने और उस से उन्हें मुक्ति दिलाने के लिए प्रेरित करती हैं। उनकी यह साहित्यिक अभिव्यक्ति कल्पना की उड़ान नहीं भरती हैं, अथवा मात्र मनोरंजन नहीं करती हैं। उनके लेखन में जो प्रतीक और प्रमाण हैं वे विवेक-बुद्धि और तर्क की कसौटी पर आधारित हैं। दलित लेखक की सारी संवेदनाएँ संघर्षशील मनुष्य के यथार्थ जीवन से जुड़ी हुई हैं। तब यह अभिव्यक्ति मात्र मनोरंजन नहीं कही जा सकती है। जब मानवीय मूल्यों का विकास करना दलित साहित्य का लक्ष्य रहा है तब इस पर संकीर्णता का और जातिवाद को बढ़ावा देने का आरोप भी नहीं लगाया जा सकता है।

भोगे हुए जीवन के अनुभव दलित साहित्य सृजन का मूल आधार है, क्योंकि बगैर अनुभवों के आधार पर दलित साहित्य का सृजन नहीं किया जा सकता। दलित

साहित्य के इस सवाल पर मोहनदास नैमिशराय लिखते हैं–"दलित जीवन के चित्रण में जब-जब साहित्य का सृजन हुआ, तब-तब सहानुभूति का दबाव विशेष तौर पर रहा। इसे हम गैर-दलितों के द्वारा दलित साहित्य सृजन का प्रथम चरण भी मान सकते हैं। वह इसलिए कि कुछ संवेदनशील गैर-दलित लेखकों ने इस तरह की रचनाएँ समाज को दीं। इस आशा के साथ कि समाज में कुछ परिवर्तन हो और दलितों की स्थिति में थोडा बहुत सुधार हो। लेकिन अकेले सहानुभूति से काम नहीं चलता क्योंकि सहानुभूति के पात्र विद्रोह नहीं करते। वे लाचारी और मजबूरी में जीते हैं। तब ऐसे साहित्य की आज के संदर्भ में क्या उपयोगिता है?"[18] मोहनदास नैमिशराय ने गैर-दलितों द्वारा लिखे गये अधिकांश दलित विषयक लेखन को सहानुभूति के साहित्य की श्रेणी में रखा है। और अब दलित लेखक इस सहानुभूति के लेखन का विरोध कर रहा है, क्योंकि उन्हें अब ब्राह्मणों और तथाकथित सवर्णों से सहानुभूति नहीं चाहिए बल्कि उन्हें उनके मारे गए मानवीय अधिकार और छीने गए स्वाभिमान चाहिए लेकिन कुछ संवेदनशील गैर-दलित लेखकों की दलित विषयक कृतियों को स्वीकार भी किया है, लेकिन किसी भी ब्राह्मण की दलित विषयक कृति को स्वीकारा नहीं जा सकता है। इसके बावजूद सहानुभूति का साहित्य सामाजिक सुधार के लिए पर्याप्त नहीं है इस बात का भी समर्थन किया हुआ है क्योंकि सहानुभूति के साथ-साथ स्वानुभूति के साहित्य से समाज सुधार को अधिक प्रभावशाली गति मिलने की संभावनाएँ बढ़ती हैं। इसलिए दलित साहित्यकारों द्वारा सहानुभूति के साथ-साथ स्वानुभूति के साहित्य की आवश्यकता पर बल दिया जाना जरूरी समझा जाता रहा है।

दलित अपने समाज के भीतर पनप रही भयावह समस्याओं को लेकर गंभीर है। इस गंभीरता का संकेत उनके लेखन में स्पष्ट दिखाई दे रहा है। मेरे विचार से गैर-दलितों को अपने समाज को मानवीय बनाने की दिशा में लेखन करना चाहिए। दलित जब खुद अपने दुःखों की जड़ को समझ रहा है, तब गैर-दलितों को उसमें किसी भी तरह का सहानुभूति का हस्तक्षेप करना गलत है। गैर-दलितों के इस दिखावे को दलित कतई बर्दश्त करने के स्थिति में नहीं है। गैर-दलित और दलित लेखन के बीच जो वैचारिक अंतर है उस के संदर्भ में ओमप्रकाश वाल्मीकि लिखते हैं–"गैर-दलित जो भी दलितों के बारे में लिखता है उसकी प्रामाणिकता इसलिए संदिग्ध होती है कि दलितों के जीवन के बारे में गैर-दलित सिर्फ उतना ही जानते हैं जितना उनका संपर्क श्रम से संबंधित होता है। उनके अंतर्भाव की सोच, उनकी मान्यताएँ, जीवन-मूल्य या उस से जुड़ी हुई अन्य चीजों को गैर-दलितों के पास जानने का कोई साधन नहीं है। यदि कभी उन्होंने कोशिश भी की है इन चीजों पर लिखने की, तो वे सब सुनी-सुनाई या मनगढ़ंत हैं, चूँकि दलितों से उनके सामाजिक रिश्ते सिर्फ उपयोग तक हैं। इसलिए

गैर-दलित दलितों के घरों में होने वाले संघर्षों को तो जानते ही नहीं। यदि ऐसा न होता तो हिंदी साहित्य में दलितों के चित्रण को लेकर सवाल ही न उठते।"[19] ओमप्रकाश वाल्मीकि यह बात साफ तौर से कहते हैं कि दलित ही दलित साहित्य को उसके लक्ष्य तक पहुँचा सकता है, क्योंकि समाज में जो संपूर्ण शोषण की साजिश संचालित है उसकी तमाम तरह की पर्तों को सिर्फ दलित ही जानते हैं। इस शोषण की साजिश को जड़ से उखाड़ने और खत्म करने की जिम्मेदारी एक दलित की ही है। ओमप्रकाश वाल्मीकि गैर-दलितों को आईना दिखाते हुए कहते हैं, यह भुक्तभोगियों का साहित्य है न कि मनगढ़ंत, काल्पनिक और सुनी-सुनाई बातों को लिखकर हम भी दलित साहित्य लिख सकते हैं ऐसा झूठा दावा और फतवा जारी करने वालों का नहीं है।

भोगे हुए यथार्थ की अभिव्यक्ति में अनुभवों की दाहकता है। साथ ही यथार्थ अनुभवों की प्रामाणिकता है। दलित लेखन के दहकता और प्रामाणिकता के बारे में कंवल भारती लिखते हैं–"दलित साहित्य से अभिप्राय उस साहित्य से है, जिसमें दलितों ने स्वयं अपनी पीड़ा को रूपायित किया है। अपने जीवन-संघर्ष में दलितों ने जिस यथार्थ को भोगा है, दलित साहित्य उनकी उसी अभिव्यक्ति का साहित्य है। यह कला के लिए कला नहीं बल्कि जीवन का और जीवन की जिजीविषा का साहित्य है। इसीलिए कहना न होगा कि वास्तव में दलितों द्वारा लिखा गया साहित्य ही दलित साहित्य की कोटी में आता है।"[20] स्वानुभूति के आधार पर लिखे गए साहित्य को दलित साहित्य की श्रेणी में रखा जाए, इस बात के पुरजोर समर्थन में कंवल भारती अपने विचार रखते हुए दिखाई देते हैं। दलितों द्वारा जिस कला का सजृन किया जा रहा है उसको समूचे मानवीय जीवन को विकसित करने के लिए उपयोगी घोषित करते हैं।

दलित साहित्य किसे कहा जाए इस पर शरणकुमार लिंबाले कहते हैं–"गैर-दलितों के लेखन में सहानुभूति और दया का दृष्टिकोण होता है। हमें सहानुभूति और दया नहीं चाहिए। अधिकार चाहिए। हमें मानवतावादी उदार दृष्टिकोण से नफरत है। यह दृष्टिकोण 'सफेदपोश' हमारे सदियों के संताप को नजरअंदाज करता है। हमें यह सफेदपोश गुंडा लगता है। गैर-दलितों के साहित्य को दलित साहित्य कहना साहित्यिक, सांस्कृतिक छल और हेरा-फेरी है। यह बात मैं गैर-दलितों के संदर्भ में कर रहा हूँ।"[21]

VI

दलित की पीड़ा जन्मतः वर्णाश्रम व्यवस्था की देन रही है। दलित इस पीड़ से निजात पाने के लिए विद्रोह की शक्ल़ अखित्यार करता नजर आ रहा है। वह अपनी

बीती जिंदगी अपने शब्दों में बयां करना चाहता है। लेकिन उनके घोर विरोधी गैर-दलित इसका भी विरोध कर रहे है। दलित साहित्य की अवधारणा शरणकुमार लिंबाले के शब्दों में—"दलित साहित्य के केन्द्र में दलित होना जरूरी है। क्योंकि जो पीड़ा है वह दलित लेखक को जन्म से मिली है। और जन्म से मिली पीड़ा को ध्वस्त करने के लिए जो चेतना चाहिए वह उसे जन्म से मिलती है। जैसे कि महिला जब प्रसूत होती है, तब उसकी जो वेदनाएँ होती है, उसे वह महिला ही जानती है। डॉक्टर उसकी प्रसूति करें तो भी डॉक्टर को उसकी पीड़ा मालूम नहीं हो सकती है क्योंकि पीड़ा वह महिला स्वयं भोगती है ना। जन्म से दलित होना इसीलिए महत्त्वपूर्ण है। जो भोगता है, झेलता है वही व्यक्त कर सकता है। और हजारों सालों से गैर-दलितों ने दलित साहित्य क्यों नहीं लिखा? उनकों किसी ने रोका तो नहीं था। वे शिक्षित थे, लिख रहे थे, फिर क्यों नहीं लिखा? और आज दलित लिख रहे हैं तो कहते है कि हम भी लिख सकते हैं। हजारों सालों बाद जब दलित लिख रहे हैं तो उनका स्वागत करने की बजाय उनका खंडन करना गलत है। और गैर-दलित कल्पना से लिखना चाहते हैं। वे हमारी गंदी बस्ती में आना नहीं चाहते। यदि वे आना चाहते हैं तो मैं उनका स्वागत करता हूँ।

जो लेखक दलितों का भाईचारा से न्याय, स्वतंत्रता की भावना से चित्रण करें उनका मैं स्वागत करता हूँ। मगर जो दलितों को निम्न दिखाएँगे, उनके प्रति दया, सहानुभूति दिखाएँगे ऐसी प्रवृत्ति की हम निंदा करते हैं। और गैर-दलितों का पूरा लेखन दया से भरा हुआ है। दलित कभी उनके प्रमुख पात्र नहीं बने हैं। और बने हैं तो भी उनका वर्णन सही नहीं है। दलित लेखक जिस बेबाकी से यथार्थ को प्रकट कर सकता है, वैसा गैर-दलित लेखक प्रकट नहीं कर सकता। इसलिए हम जन्म से दलित होना और अनुभूतिजन्य पीड़ा को महत्त्वपूर्ण मानते हैं। कोई जन्म से दलित होने से भी मैं उसे दलित लेखक नहीं मानता। मराठी कवि ग्रेस जन्म से दलित हैं लेकिन मैं उन्हें दलित लेखक नहीं मानता। केवल जन्म से दलित होना ही महत्त्वपूर्ण नहीं, उसके साथ दलित चेतना होना महत्त्वपूर्ण है। दलित चेतना दलित साहित्य की आत्मा है और जिस साहित्य में वह होती है वही दलित साहित्य है। और मुझे लगता है कि गैर-दलित लेखकों का साहित्य दलित चेतना से रहित है। दलितों द्वारा दलितों के बारे में दलित चेतना से लिखा साहित्य ही दलित साहित्य है।"[22]

शरणकुमार लिंबाले समाज में दलित समुदाय के प्रति जो सवर्ण अभिजन समाज का दया और सहानुभूति का जो भाव दिखाई देता है उसका विरोध करते है। क्योंकि उस दया और सहानुभूति के भाव को दलित समाज के प्रति सामाजिक-सांस्कृतिक छल-कपट समझते है। गैर-दलित साहित्य में उनके मानवीय अधिकारों को दबाने का

षड़यंत्र और उनकी अस्मिता को खारिज करने की साजिश नजर आती है। अब दलित दया, याचना और सहानुभूति जैसे व्यवहार का कड़ा विरोध करते नजर आ रहे हैं। दलितों को जीने के लिए रोटी से ज्यादा प्रतिष्ठा, सम्मान, स्वाभिमान और मानवीय अधिकार प्रिय लगते हैं, वह उन्हें किसी भी कीमत पर हासिल करना चाहते हैं। दलितों के इस सामाजिक न्याय के पक्ष में शरणकुमार लिंबाले अपनी बात रखते हुए दलित साहित्य की अवधारणा दलित दृष्टिकोण से स्थापित करने की माँग करते हैं।

मार्क्सवादी आलोचक डॉ. मैनेजर पाण्डेय अछुतों के साहित्यिक अनुभवों की प्रामाणिकता के संदर्भ में लिखते हैं–"सारी सहानुभूति, करुणा, सहृदयता और परकाया प्रवेश की कला के बावजूद गैर-दलितों द्वारा दलितों के बारे में लिखे गए साहित्य में कला चाहे जितनी हो, परंतु अनुभव की वह प्रामाणिकता नहीं होती, जो किसी दलित द्वारा अपने समुदाय के बारे में स्वानुभूति की पुनर्रचना से उपजे साहित्य में होती है।"[23] डॉ. मैनेजर पाण्डेय इस बात से सहमत दिखाई देते हैं कि दलित लेखन में अनुभवों की प्रामाणिकता जिस प्रखरता से पाठकों को प्रभावित करती आई हुई है, उस प्रामाणिक अनुभव के प्रभाव का गैर-दलित लेखन में अभाव रहा है। इस से एक बात स्पष्ट होती है कि इन दलित अनुभवों की प्रामाणिकता को साहित्य में स्वीकृति और सम्मान प्राप्त होना चाहिए। क्योंकि दलित साहित्य की अवधारणा में अनुभवों ज्यादा अहमियत दी गई है। इस बात के पक्ष में डॉ. मैनेजर पाण्डेय के विचार निष्पक्ष दृष्टि से स्पष्ट किए हुए दिखाई देते हैं।

गैर-दलितों द्वारा दलितों के संदर्भ में अब तक लिखे गए साहित्य पर राजेन्द्र यादव अपनी बात कहते हैं–"दलितों के बारे में सवर्णों का पहले का लगभग सारा लिखा हुआ साहित्य सहानुभूति और करुणा से लिखा हुआ है। उनकी दयनीय और विपन्न स्थितियों पर विगलित होकर लिखा गया है। किसी ने भी उनके संघर्ष की बात नहीं की। न प्रेमचंद में कहीं कोई संघर्ष करता है। संघर्ष के नाम पर वह आत्मदाह ही करते हैं जैसे कि पूस की रात में हलकू फसल जला लेता है।"[24] राजेन्द्र यादव ने दलित और गैर-दलित लेखन को लेकर जिस बात की ओर पाठकों और आलोचकों का ध्यान आकर्षित किया है वह काफी दिलचस्प है। दलितों द्वारा किए गए लेखन में जो नायक चित्रित हुए हैं वे सामाजिक समता और मानवीय अधिकारों के लिए संघर्ष करने वाले हैं, अन्याय, अत्याचार और बहिष्कार-तिरस्कार के खिलाफ प्रतिरोध करने वाले हैं न कि संघर्ष से पलायन करके आत्मदाह को गले लगाने वाले हैं और ना ही परिस्थितियों से समझौता करने वाले हैं। लेकिन गैर-दलित लेखन में जो दलित पात्र चित्रित हुए हैं वे एक तो खलनायक की भूमिका में रहे हैं अथवा कहीं नायक भी रहे हैं तो वे ना ही विपरित परिस्थितियों से संघर्ष करते है और ना ही अन्याय-अत्याचार

के खिलाफ आवाज उठाते हैं बल्कि इन दोनों स्थितियों परिस्थितियों में समझौता जरूर करते हुए दिखाई देते है। इस बात की सच्चाई जानने के लिए प्रेमचंद के लेखन का राजेन्द्र यादव हवाला भी देते हैं। प्रेमचंद ही नहीं बल्कि अधिकांश गैर-दलित साहित्यकारों के दलित विषयक लेखन में यही बात दिखाई देती है जिसे राजेन्द्र यादव ने खुलकर कहने का साहस किया है। जहाँ तथागत गौतम बुद्ध, कबीर, ज्योतिबा फुले, और बाबा साहेब डॉ. आंबेडकर जैसे समाज सुधारकों के क्रांतिकारी विचार दलित लेखन की ऊर्जा और प्रेरणा है, वहाँ गैर-दलित लेखन की प्रेरणा और ऊर्जा भी उनके लेखन प्रक्रिया और उनकी प्रतिबद्धता पर सवाल खड़ा करती है। जिसके कारण दलित और गैर-दलित लेखन के सृजन और विज़न की प्रक्रिया में एक स्पष्ट रूप से अंतर दिखाई देता है। यही सृजन और विज़न का अंतर दलित साहित्य की अवधारणा को आकार देने में महत्त्वपूर्ण साबित होता है।

दलित साहित्य की अवधारणा वेदना, विद्रोह, संवेदना, सरोकार और चेतना से जुड़ी हुई है। शरणकुमार लिंबाले के शब्दों में–"दलितों का दुःख, परेशानी, गुलामी, अधःपतन और उपहास के साथ ही दरिद्रता का कलात्मक शैली से चित्रण करने वाला साहित्य ही दलित साहित्य है।...आह का उदात्त स्वरुप अर्थात दलित साहित्य।"[25] शरणकुमार लिंबाले की दलित साहित्य के प्रति जो दृष्टि रही है वह इस बात की ओर इशारा करती है कि दलितों के जीवन में दुःखों और यातना की कहानी तो उनके जन्म से ही शुरू हो जाती है। वर्ण, वंश, धर्म और जाति ने उन्हें जन्म से ही एक अवैध, अछूत, अपवित्र और गुलाम के रूप में घोषित किया हुआ है। वह एक मनुष्य की तरह मनुष्य होने के बावजूद भी उसे मनुष्य होने के सारे हकों और अधिकारों से बेदखल किया गया है। जब उसे इस बात का अहसास हुआ, तब उसने इस पर सोचना, बोलना और लिखना शुरू किया। उसकी वेदनाएँ कलमबद्ध हुई तब उस कलमबद्ध अभिव्यक्ति को 'दलित साहित्य' के नाम से जाना जा रहा है। इस से यह बात साफ हो जाती है कि दलित साहित्य लिखने के लिए केवल जन्म से दलित होना काफी नहीं है बल्कि उन दलित जीवन की तमाम संवेदनाओं, दुःखों और यातनाओं का भुक्तभोगी होना बेहद जरूरी है। साथ ही अपने अनुभवों को प्रभावी बनाने के लिए कलात्मक शैली में व्यक्त करना आवश्यक है।

दलित साहित्य किसे कहा जाए और जिसे दलित लेखक दलित साहित्य कह रहें हैं उसे दलित साहित्य क्यों कह रहें हैं इस बात को स्पष्ट करने के लिए डॉ. धर्मवीर लिखते हैं–"दलित साहित्य की परिभाषा में पीड़ा से लेकर मुसकान तक है। इस में रोने के बजाय मुसकान की खोज के द्वारा समग्रता और पूर्णता की ओर मनुष्य का प्रयाण है। यह कमजोरी नहीं है बल्कि शक्ति है, यह गुलामी नहीं है बल्कि आजादी

है, यह शिकायत नहीं है बल्कि युद्ध है, और यह समस्या नहीं है बल्कि समाधान है।"[26] साथ ही गैर-दलितों द्वारा दलित साहित्य में हो रही जबर्दस्ती से हस्तक्षेप व घुसपैठ से आने वाले समय में दलित लेखन के आगे जो खतरे और चुनौतियाँ दिखाई दे रही हैं उसके बारे में सचेत करते हुए डॉ. धर्मवीर यह बात भी साफ लिखते हैं—"दलित साहित्य की वह परिभाषा एकदम खतरनाक है जिसमें इस बात की गुंजाइश रखी जाती है कि गैर-दलित भी दलित साहित्य की रचना कर सकता है। उस परिभाषा में मान लिया गया है कि साहित्य ठेके पर लिखा जा सकता है। लेकिन यह प्रतिनिधित्व का मामला है और दलित का पवित्र प्रतिनिधित्व दलित के सिवा दूसरा कोई नहीं कर सकता। यह बेटी के विवाह के जैसा मामला है कि फेरे पड़ते समय मंडप में दुश्मन पक्ष का कोई आततायी दुल्हन को उठा ले जाए। यह 'चक्की रवाह लो और सिल-बिट्टे रवाह लो' की गाँव में फेरीवाले की पुकार नहीं हैं। ब्राह्मण सब के लिए साहित्य नहीं लिख सकता। यह चेष्टा ही गलत है, वकालत तो और भी बुरी बात होगी कि अब ब्राह्मण का ठेकेदार दलित साहित्य रचने के लिए टेन्डर भरेगा। यह अनुभूतियों और जिम्मेदारियों का गहरा मामला है, यह रिकार्ड को लिपिबद्ध करने में प्रविष्टियों और अन्तरणों की मखौल नहीं है।"[27] डॉ. धर्मवीर के विचारों से दलित साहित्य का एक शब्द भी एक दलित जीवन के भुक्तभोगी के सिवाय कोई ब्राह्मण और गैर-दलित लेखक नहीं लिख सकता। वे इस साहित्यिक घुसपैठ के सख्त विरोध में है। वे अपनी बात को स्पष्ट करने के लिए अनेक तर्क पेश करते हैं। उनके अनेक तर्कों में से एक तर्क यह भी हैं कि समाज और परिवार में एक बाप और बेटी के बीच जो रिश्तों की पवित्रता और मर्यादा हैं उस पवित्रता और मर्यादा का पालन बेहद ईमानदारी से निभाने की जिम्मेदारी तय होती हैं। उसी तरह एक दलित लेखक और उसके लेखन प्रक्रिया के बीच रिश्तों का संबंध निश्चित होता है। इन रिश्तों की जिम्मेदारी खुद दलित को अपने जिम्मे उठानी होगीं और उस जिम्मेदारी को ईमानदारी से निभाना भी होगा। तब कहीं बाबा साहेब डॉ. आंबेडकर के सपनों का समाज और राष्ट्र बनाने में दलित साहित्य और साहित्यकारों की भूमिका सर्व स्वीकृत रहेगी।

दलित साहित्य जिस शोषित मनुष्य की अस्मिताओं के पक्ष में खड़ा हैं, उन्हें न्याय, प्रतिष्ठा और सम्मान दिलाने के लिए संघर्ष कर रहा है, जिनके अस्मिता और अस्तित्व की पहचान पर मंडराह रहे खतरों की बात कर रहा है, उनके बारे में श्यौराज सिंह 'बेचैन' लिखते हैं—"दलित साहित्य उन अछूतों का साहित्य है, जिन्हें सामाजिक स्तर पर सम्मान नहीं मिला। सामाजिक स्तर पर जाति-भेद के जो लोग शिकार हुए हैं, उनकी छटपटाहाट ही शब्दबद्ध होकर दलित साहित्य बन रहा है।"[28] सामाजिक स्तर पर भोगे हुए यथार्थ की प्रामाणिक अभिव्यक्ति को ही दलित साहित्य की निर्मिति

में महत्त्वपूर्ण भूमिका के रूप में देखा गया हैं। भारतीय समाज में जातिवाद, छुआछूत और गुलामी के कारण जिन लोगों का अमानवीय उत्पीड़न हुआ हैं उन्होंने साहित्य के द्वारा जो आक्रोश और विद्रोह व्यक्त किया है, जो विरोध दर्ज किया गया हैं। उस आक्रोश, विरोध और प्रतिरोध दर्ज करने के लिए जो रास्ता उन्होंने स्वीकार किया हुआ है वह 'साहित्यिक अभिव्यक्ति' हैं।

दलित लेखकों की दलित साहित्य की अवधारणा की परिभाषा एक तरफ और डॉ. तुलसी राम दलित साहित्य की अवधारणा दूसरी तरफ क्यों है? डॉ. तुलसी राम के शब्दों में–"दलित साहित्य की सब से अच्छी परिभाषा है 'जाति-व्यवस्था विरोधी साहित्य'। यहाँ यह सवाल नहीं उठता कि किस जाति-संप्रदाय का व्यक्ति लिख रहा है। एक धारा दलितों की है जो महाराष्ट्र में है। इधर हिंदी क्षेत्र में भी वह हावी हो रही है कि दलित ही दलित पर लिखे। ये विचार गलत है। उसी पर नामवर सिंह ने कहा था कि घोड़े पर लिखने के लिए पहले घोड़ा बनना पड़ेगा? दलित बड़े नाराज हुए थे। मुख्य यह है कि जिस तरह जातीय राजनीति हावी हो रही है उसी तरह जातीय साहित्य हावी हो रहा है। वर्ण-व्यवस्था के खिलाफ जिसने भी लिखा वह दलित साहित्य है। इसीलिए राहुल सांकृत्यायन, प्रेमचंद आदि इनका लेखन इतना लोकप्रिय है। यह कि दलित ही दलित पर लिखे, इसमें बहुत खतरनाक अर्थ छिपा हुआ है। ऐसे लोग ऐसा इसलिए कह रहे हैं जिस से पूरे बौद्ध साहित्य को नकारा जा सके। बौद्ध साहित्य लिखने वाले लगभग सभी ब्राह्मण थे। बुद्ध स्वयं क्षत्रिय थे। उन्होंने दलित-विमर्श शुरू किया। लेकिन बाकी परंपराएँ देखी जायें तो पहली सदी में अश्वघोष, नागार्जुन आदि रहे।

कुमारलात एक कवि थे, नहीं मालूम लोगों को। इन सभी ने जाति-व्यवस्था का विरोध किया। कुमारलात की 'मेनस्क्रिप्ट' मुझे तुर्फान में मिली। 1964 में। तब पता चला इस कवि का। अश्वघोष के तीन नाटक प्रसिद्ध हैं ही' सारिपुत्र, मोदिग्गलायन। सारिपुत्र ब्राह्मण है। बुद्ध क्षत्रिय हैं। आप से नीचे। आप ने उन्हें गुरु कैसे मान लिया। सारिपुत्र कहते हैं-रोग गंभीर हो और चिकित्सक शूद्र जाति का हो तो उस से इलाज करा लेना चाहिए। ये संवाद हैं उसमें। ये तुर्फान में मिला। यहाँ जलाया जा रहा था। उसी में राष्ट्रपाल है, वह और अधिक विरोध करता है जाति-व्यवस्था का। मगध के एक पार्क में यह नाटक खेला जा रहा था। शूद्र जाति के पात्र प्राकृत में बोलते हैं और ब्राह्मण कलाकार संस्कृत में। भाषा का भेदभाव इस नाटक में पता चलता है। स्त्रियाँ भी प्राकृत में बोलती हैं। 'लैंग्वेज डिस्क्रीमिनेशन' जानने के लिए अश्वघोष के नाटक बुनियादी दस्तावेज हैं। यह परंपरा जो बौद्धों की रही है, उनमें अधिकतर ब्राह्मण कवि थे। आजकल के उग्रवादी दलित लेखक कहते हैं दलित पर दलित ही लिखे मतलब

बौद्धों की पूरी परंपरा को आप नकराते हैं। यह बहुत ही संकुचित और विद्रूप विचारधारा है। कुछ लोग इसे फैलाने की कोशिश में लगे हुए हैं।"[29]

बाबा साहेब डॉ. आंबेडकर ने जाति को महादानव कह कर उसके खतरे से दलित समाज को सचेत करते हुए कहा है-आप जिस दिशा में जाओगे, जाति वहीं आप का रास्ता काटेगी। डॉ. तुलसी राम दलित साहित्य की परंपरा को बौद्ध विचारधारा और उसकी महान मानवीय संस्कृति से जोडते हुए दिखाई देते हैं। इस से दलित साहित्य की एक प्राचीन और उत्कृष्ट मानवीय मूल्यों और संस्कृति की परंपरा का परिचय भी होता हैं। दलित साहित्य जिस जाति व्यवस्था को खत्म करके समाज में समता स्थापित करने के उद्देश्य से जुड़ा हुआ हैं, वही उद्देश्य बौद्ध संस्कृति का भी रहा है। बौद्ध विचारधारा समूचे मानव हित में स्थापित हुई है इस बात से सारी दुनिया सहमत हैं। बौद्ध कालीन समय में भी मानवीय मूल्यों के प्रसार-प्रचार के लिए जिस साहित्य का सृजन होते आ रहा था उस साहित्य का जिक्र डॉ. तुलसी राम करते हैं। जो जो वर्ण और जाति-व्यवस्था के खिलाफ बोलेगा और लिखेगा उसे दलित साहित्य में रखा जाना चाहिए इस बात के समर्थन में अपनी बात रखते हैं। अर्थात् डॉ. तुलसी राम वर्ण और जाति-व्यवस्था के खिलाफ साँझे संघर्ष की उम्मीद करते हुए दिखाई देते हैं।

वरिष्ठ साहित्यकार, समीक्षक और प्रगतिशील लेखक संगठन के सदस्य विश्वनाथ त्रिपाठी स्वानुभूति और सहानुभूति के संदर्भ में लिखते हैं–"दलित लेखकों का अगर तर्क यह है कि दलितों के बारे में लिखने के लिए दलित होना जरूरी है, तो इसका मतलब यह हुआ कि विधवाओं के बारे में लिखने के लिए विधवा होना जरूरी है। ऐसे में सूर्यकांत त्रिपाठी निराला को विधवा के ऊपर कविता नहीं लिखनी चाहिए थी। बेशक दलितों या महिलाओं के बारे में कोई दलित या महिला रचनाकार ही ज्यादा संवेदनशीलता से और यथार्थपरक होकर लिख सकती है, लेकिन यह नहीं माना जा सकता कि गैर-दलित अगर दलितों के बारे में लिखेंगे, तो वह दलित विरोधी ही होगा।"[30] विश्वनाथ त्रिपाठी द्वारा उठाये गए इस सवाल के जवाब में श्यौराज सिंह 'बेचैन' लिखते हैं–"यह बड़ी संवेदनहीन अभिव्यक्ति नहीं मानते कि, 'विधवा का दुःख विधवा ही जानती है।' ब्राह्मणों में बाल विधवाओं का चलन बहुत पुराना है। विधवा विवाहों पर रोक लगाने वाले दलित नहीं थे। बाल विधवाओं के दुःख यदि कम हो जाते तो स्त्री दासता का लंबा इतिहास कलंक से भरा न होता। उसके बारे में कोई सधवा या कोई विवाहित स्त्री-पुरुष लिखता रहे। उस से उस विधवा का अनुभव तो नहीं आएगा, जो अपने पति के न होने का दुःख भोगती है। अब उस विधवा की तो न सुनी जाए और उसकी सुनी जाए जिसने उसे विधवा किया हो, यह कैसा दुराग्रह है अग्रज हिंदुओं का?"[31]

साहित्य में सहानुभूति और स्वानुभूति के तर्क पर डॉ. अजय तिवारी लिखते हैं–"स्वानुभूति पर बल मूलतः अस्तित्ववादी धारणा है और अस्तित्ववाद पूँजीवादी विचारधारा है। स्वानुभूति वाला तर्क नई कविता का तर्क है-अनुभूति की प्रामाणिकता यही तर्क दलित लेखकों का है क्योंकि हम दलित हैं। इसलिए उसका प्रामाणिक अनुभव हमें है, उस पर सच्ची प्रतिक्रिया हम ही व्यक्त कर सकते हैं और शायद इसी कारण साहित्य की नहीं, दलित साहित्य की बात की जाती है। उसे आप दलित अभिव्यक्ति कहें, दलित साहित्य कहने पर क्यों जोर है? चूँकि उस में दलित के साथ साहित्य भी है, इसलिए जिस अंश में वह साहित्य है, उस अंश में उसे साहित्य की सामान्य कसौटी पर ही परखा जाएगा, क्योंकि उसका विषय दलित जीवन से संबंधित है, इसलिए वह दलित साहित्य है, पर है साहित्य ही।...अच्छा साहित्य केवल अपने अनुभव पर ही नहीं लिखा जा सकता। अपने अनुभव को भी तटस्थ होकर देखना और वस्तुगत रूप में प्रस्तुत करना, अपने अनुभव को समाज और इतिहास की प्रक्रिया में रखकर उसे जीवंत बनाना साहित्य के लिए आवश्यक है।"[32] डॉ. अजय तिवारी के अनुसार कल्पना और अनुभव के समन्वय से साहित्य सृजन को श्रेष्ठता प्रदान होती है। केवल अनुभव अथवा कल्पना से अच्छे साहित्य का सृजन होना असंभव होने की बात कही है।

दलित और गैर-दलित ने दलित विषयक लेखन के संदर्भ में अशोक वाजपेयी कहते हैं–"ऐसे बहुतेरे हैं जो मानते हैं कि दलित साहित्य दलितों द्वारा ही लिखा जा सकता है। मुझे यह एक किस्म की शायद जरूरी, संकीर्णता लगती है जो स्वयं दलित-विमर्श के व्यापक लक्ष्यों पर कुठाराघात कर सकती है। जो भी साहित्य, दलित जीवनानुभव, मूल्यों और बेचैनियों, उत्सुकताओं और प्रश्नों को लेकर लिखा जाए वह दलित साहित्य है। कौन लिखता है, वह दलित है या नहीं, इस से फर्क नहीं पड़ता। लेकिन यह भी साथ ही मानना चाहिए कि औरों के मुकाबले दलित अपने बारे में ज्यादा शिद्दत और आत्मानुभव से लिख सकते हैं। इसे भी ध्यान में रखना चाहिए कि अभिव्यक्ति का अधिकार एक मौलिक मानवीय अधिकार है और दलित गैर-दलित दोनों ही एक-दूसरे पर लिखने से रोके नहीं जा सकते।"[33] दलित चेतना और अस्मिता के सवालों को अनदेखा करते हुए दलित साहित्य की अवधारणा पर संकीर्णता का आरोप लगाने का संकेत अशोक वाजपेयी की टिप्पणी से दिखाई देता है।

दलितों के बारे में सिर्फ दलित ही क्यों लिखेंगे? और गैर-दलितों ने दलितों पर लिखें को दलित क्यों खारिज करते हैं? इन सवालों पर वरिष्ठ आलोचक मुरली मनोहर सिंह लिखते हैं–"साहित्यिक लेखन के क्षेत्र में यह धारणा प्रचारित की गई है कि दलित ही दलित के जीवन यथार्थ पर प्रामाणिक ढंग से लिख सकते हैं तथा गैर-दलितों द्वारा

लिखे गए साहित्य यानी प्रेमचंद की कहानी 'ठाकुर का कुआँ' या 'कफन', निराला की रचना 'चतुरी चमार', अमृतलाल नागर का उपन्यास 'नाच्यौ बहुत गोपाल', नागार्जुन की कविता 'हरिजन गाथा' आदि को यथार्थ के प्रामाणिक अंकन की कसौटी पर संदिग्ध कृतियाँ मान लिया जाए, यह मान्यता पेश की जा रही है। दलित और गैर-दलित की कलाकृतियों के बीच इस प्रकार का विभाजन न तो फिल्मों में है, न चित्रकला, मूर्तिकला और न ही संगीत के क्षेत्र में हैं।...पर दलित रचनाकार ही दलितों के जीवन पर विश्वसनीय और कलात्मक कृति का सृजन कर सकता है, यह तर्क अपनी परिणति में अंततः अतार्किक हो जाता है। क्या अल्पसंख्यकों के बारे में अल्पसंख्यक ही लिखेंगे, क्या स्त्रियों के बारे में सिर्फ स्त्रियाँ ही लिखेंगी, क्या प्रवासियों के बारे में सिर्फ प्रवासी ही लिखेंगे, क्या क्लर्कों के बारे में सिर्फ क्लर्क ही लिखेंगे, क्या राजनेताओं की मक्कारी और फरेब के बारे में सिर्फ राजनेता ही लिखेंगे?...सिर्फ जातिगत या धार्मिक पहचान आधी-अधूरी और इकहरी पहचान है, जो ऐतिहासिक विकास प्रक्रिया में क्रमशः विलुप्त हो जानेवाली मानवीय अस्मिता मात्र है। अतः यथार्थ के प्रेक्षण और जीवन वास्तविकताओं के प्रति चयन दृष्टि में सिर्फ जात-पाँत धर्म अथवा लिंग पर आधारित पहचान कलात्मक सृजन का मूल उत्स या स्रोत नहीं बन सकती।"[34] दलित लेखक अपने मानवीय अधिकारों का महायुद्ध खुद लड़ना चाहते है।

डॉ. अजय तिवारी और मुरली मनोहर सिंह दोनों वरिष्ठ आलोचक साहित्य को एक साहित्य की दृष्टि से देखने के पक्ष में अपने विचार व्यक्त करते हैं। साहित्य में अभिव्यक्त जीवन किसी भी वर्ण, वर्ग, धर्म, जाति, वंश और लिंग के लोगों की समस्याओं से संबंधित क्यों न हो उसे उस वर्ण, वर्ग, धर्म, जाति, वंश और लिंग आदि को श्रेणीगत विभाजन न करते हुए सिर्फ साहित्य की श्रेणी में रखकर उसका निष्पक्ष दृष्टि से मूल्यांकन होना चाहिए इस पक्ष का पुरजोर ढंग से समर्थन करते हुए दिखाई देते हैं। लेकिन इस बात के पीछे उनका कोई स्पष्ट तर्क नहीं दिखाई देता है बल्कि मूल विषय व समस्या से भटकाव होने की अथवा दूसरों का कराने की ज्यादातर संभावना नजर आती है।

जब से साहित्य लेखन के विषय और आशय की अभिव्यक्ति में स्वानुभूति और सहानुभूति की प्रामाणिकता पर बहस शुरू हुई है तब से दलित लेखक और आलोचक उनके स्वानुभूति के पक्ष में इस बात की ओर उच्चवर्णिय साहित्यकारों और पाठकों का ध्यान आकर्षित करते आ रहे हैं 'जिसके पैर न फटी बिवाई, वह क्या जाने पीर पराई।' यह बात दलित लेखकों के द्वारा दिए गए तर्क के आधार पर एकदम सच भी साबित होती हैं। ब्राह्मणवादी साहित्य के संदर्भ में ओमप्रकाश वाल्मीकि यह बात

खुल कर क्यों कहते हैं–"हिंदी साहित्य में ढूँढने पर भी हमें अपना चेहरा दिखाई नहीं देता।"..."हिंदी साहित्य तमाम उत्कृष्टताओं, बौद्धिक कलाबाजियों, आध्यात्मिक आख्यानों, भाषिक विलक्षणताओं, कला-प्रतिमानों के बावजूद मेरे मन में विश्वास उत्पन्न करने में क्यों असमर्थ हैं? साहित्य की यह मुख्यधारा मुझे आकर्षित क्यों नहीं कर पाती। मैं उस से अलग खड़ा अपनी राह तलाशना चाहता हूँ।"[35] इसकी क्या वजह हो सकती है? इस सच्चाई पर सोचने-समझने में गैर-दलित लेखक और आलोचक असमर्थ क्यों हैं या जान-बूझकर इसे अनदेखा करते आ रहे हैं? ऐसे तमाम सवालों के पीछे छिपी दोहरी मानसिकता और सामाजिक घृणा, द्वेष, बहिष्कार और तिरस्कार की खोज भी दलित लेखकों और आलोचकों ने की है।

VII

समाज और राष्ट्र की दृष्टि से एक सार्थक साहित्यिक रचना में यथार्थ अनुभवों की आवश्यकता क्यों है इसके संदर्भ में वरिष्ठ कवयित्री सविता सिंह लिखती हैं–"साहित्य में अनुभव की सत्यता का एक अलग स्थान है। यहाँ अनुभव सिर्फ 'तथ्य' या 'फैक्ट' नहीं है, जैसा कि विज्ञान या समाजशास्त्र की दुनिया में इसे घटाकर आंका जाता है और जिसे दूसरे 'फैक्ट' से पुष्ट या खारिज किया जाता है। यहाँ अनुभव अपनी तथ्यता की वजह से असुरक्षित नहीं बल्कि ज्यादा विश्वसनीय है अपने होने में और इसकी अभिव्यक्ति में। वह जिसका अनुभव है उसके अपने ऐतिहासिक, भौगोलिक और सामाजिक स्थिति से ही पुष्ट हो जाता है, सत्य सा हो जाता हो। एक स्त्री, एक दलित अपने अनुभवों को उसी तरह व्यक्त करते हैं और उनके टेक्स्ट की प्रामाणिकता इस तरह, उनके यों होने से व्यक्त हो जाती है। इसलिए अनुभवों का यह संसार अपनी निजता में सत्य का रूप ग्रहण करता है और साहित्य से इसकी वैधता अव्वल कोटि की है।"[36] सविता सिंह साहित्य में रोचकता और विश्वसनीयता लाने के लिए अनुभवों की बड़ी भूमिका होने का समर्थन करती है।

तथाकथित सवर्ण लेखकों और आलोचकों के दोहरे मानदंड के संदर्भ में वरिष्ठ आलोचक वीरेंद्र यादव लिखते हैं–"आज से साठ वर्ष पूर्व तक डॉ. रामविलास शर्मा ने तुलसी के 'रामचरित मानस' में वर्णाश्रम व्यवस्था का औचित्य सिद्ध करने की कोशिश की थी। तब राहुल, यशपाल, अमृत राय, शिवदान सिंह चौहान व रांगेय राघव सहित सभी लेखकों ने उनका विरोध किया था और वे अलग-थलग पड़ गए थे। लेकिन आज उनके शताब्दी वर्ष में उनके इस कथन को प्रश्नांकित करनेवाले कितने लेखक हैं, 'ब्राह्मणवाद नाम की कोई चीज नहीं होती...और किसी का शोषण इसलिए नहीं होता है कि वह ब्राह्मण है या दलित।' और यह भी कि, 'यदि पूँजीवाद को

मजबूत करना है तो दलित साहित्य लिखों'। इतना ही नहीं, डॉ. रामविलास शर्मा 'आरक्षण' और 'सामाजिक न्याय' का भी स्पष्ट विरोध करते थे। आखिर क्यों डॉ. रामविलास शर्मा शताब्दी समारोह की बहसों में उनके इन मंतव्यों को कुलीन अभिजन बौद्धिकों द्वारा प्रश्नांकित नहीं किया जा रहा है? बजाय इसके कुछ उच्च सवर्ण हिंदी बौद्धिक उन्हें 'देशज आधुनिकता' का अग्रदूत और 'अर्ली मॉर्डन' सिद्ध करने के लिए एड़ी-चोटी एक कर रहे हैं, यह कैसी 'देशज आधुनिकता' है जो वर्णाश्रमी ब्राह्मणवाद को प्रश्नांकित किए बिना ही संभव की जा सकती है? सच तो यह है कि हिंदी के कुलीन लेखक-बुद्धिजीवी समाज द्वारा सामाजिक भेदभाव के मुद्दे के प्रति पाखंडपूर्ण चुप्पी अपनाने का ही परिणाम है-मुख्यधारा के लेखन के प्रति दलितों का अविश्वास।"[37] वीरेंद्र यादव ब्राह्मणवाद और सामंतवाद इन दोनों मानवीय गरिमा के विरोधियों से निरंतर लड़ने का समर्थन करते हैं। गैर-दलित लेखकों और आलोचकों को सामाजिक सरोकारों के प्रति तटस्थ और निष्पक्ष रहने की आवश्यकता महसूस करते हैं। आत्म-परीक्षण और आत्मालोचन की प्रक्रिया से गुजरने की सलाह देते हैं।

दलित साहित्य के समर्थन में मार्क्सवादी आलोचक शिवकुमार मिश्र लिखते हैं—"यह एक ऐसी सच्चाई है जिसे हमें निर्मल अंतःकरण से स्वीकार करना चाहिए। हिंदी या अन्य भाषाओं में दलितों के बारे में जो भी लिखा गया है, नामी-गिरामी रचनाकारों द्वारा भी, उसकी अपनी सीमाएँ हैं। वह अधिकांशतः उदार मानसिकता और मानवतावादी चेतना के सवर्ण रचनाकारों द्वारा ही लिखा गया है। इस लेखन में दलित जीवन की सच्चाईयाँ और उसका यथार्थ जरूर सामने आया है, किन्तु अपवादों को छोड़कर प्रायः इसमें दलितों की नरकीय जीवन-स्थितियों, उनके प्रति बरते जानेवाली सामाजिक भेदभाव एवं शक्तिसंपन्नों तथा सवर्णों द्वारा किए जानेवाले उनके उत्पीड़न पर या तो आँसू बहाए गए हैं, उन पर दया और सहानुभूति प्रकट की गई है, या फिर अधिक से अधिक इस उत्पीड़न के जिम्मेदार व्यक्तियों, वर्गों और संस्थाओं आदि की आलोचना की गईं हैं। चली आ रही सामाजिक संरचना में दलितों की सामाजिक हैसियत निश्चित करने वाले उन्हें नरकवास की नियति देनेवाले, इस अमानवीय सामाजिक विधान के कर्ताओं तक उनके धर्मशास्त्रों, उनके द्वारा स्थापित निर्मम अपराध तंत्र और सदियों से उसे ढोने और बरकरार रखनेवाली मानसिकता और उसके हाशियों पर जिन वज्र प्रहारों की जरूरत थी, उदारता, सहिष्णुता, भाईचारे और 'वसुधैव कुटुम्बकम्' का मुखौटा लगाए, अपराध करती अभिजनों की संस्कृति और आचरण को असलियत में दुःख, ग्लानि, पश्चात्ताप और सात्विक आक्रोश के साथ, समूचे विश्व के समक्ष उजागर करने का जो नैतिक दायित्व था, तथा दलितों के वजूद, उनकी सामाजिक हैसियत, उनके संघर्ष, उनके श्रम, उनके अधिकारों और उनकी

आकांक्षाओं के बरक्स जिस पक्षधरता के साथ, सवर्ण मानसिकता और उसे पोषित करने वाले विधानों के खिलाफ रचनात्मक हस्तक्षेप, जिस रचनात्मक मुठभेड़ की दरकार थी, वह सब पूरी सदी के भारतीय परिदृश्य में नहीं हो सका।"[38] शिवकुमार मिश्र की दलित लेखन के प्रति निष्पक्ष आलोचनात्मक दृष्टि दिखाई देती है। वे समाज सुधार में दलित साहित्य को एक सकारात्मक दृष्टि से देखते हैं न कि दूसरे प्रगतिशील लेखकों और आलोचकों की तरह तथ्यहीन तर्कों के सहारे खारिज करने की बात करते हैं। दलित साहित्य की अवधारणा में जो मानवीय मूल्यों और मान्यताओं के नये तेवर विकसित हो रहे हैं उसकी ओर पाठकों का ध्यान आकर्षित करते है।

जो लोग वर्ण-व्यवस्था और जातिप्रथा के समर्थक हैं और जो सवर्ण अभिजन प्रगतिशील विचारों के लेखक और आलोचक हैं उनके दलित साहित्य और समाज विषयक विचारों को देखने के बाद उनके बारे में जिन बातों का स्पष्ट खुलासा होता है उन्हें ओमप्रकाश वाल्मीकि इन शब्दों में व्यक्त करते हैं—"जब यह कहा जाता है कि दलित की पीड़ा सवर्ण नहीं समझ सकता है तो वह सिर्फ चौंकता ही नहीं है, यह तथ्य उसे गाली की तरह लगता है, जो उसके अहंभाव को विखंडित करता है। साहित्य उसके लिए कल्पनाओं की विस्तृत ऊँचाई है, जहाँ खड़े होकर कल्पना के बलबूते पर तमाम दुनिया के यथार्थ को देख लेने की क्षमता रखने का भ्रम पाले हुए है। उसे खीझ होती है, जब कोई उसकी इस क्षमता और सामर्थ्य पर उँगली उठाता है। यहाँ यह कहना भी अप्रासंगिक नहीं होगा कि तथाकथित मुख्यधारा का निर्माता अपने विरुद्ध खड़ी हर असहमति को अपना घोर प्रतिद्वन्द्वी समझता है। आत्ममुग्धता के फ्रेम में वह अपनी ही तस्वीर देखने का अभ्यस्त है। इसी नजरिए से वह दलित साहित्य पर यह आरोप चस्पां करता है कि वे दलित बोध के संकीर्ण दायरे से बाहर नहीं आते हैं। जबकि वस्तुस्थिति ठीक इस के विपरित है।"[39] ओमप्रकाश वाल्मीकि ने गैर-दलित लेखक-आलोचक दलित साहित्य की अवधारणा को क्यों स्वीकार नहीं करना चाहते हैं, इस बात के पीछे की उनकी मानसिकता का तर्कसंगत खुलासा किया है।

हिंदू धर्म में आर्थिक और सामाजिक-सांस्कृतिक विषमता के कौन से कारण रहे हैं? राजेन्द्र यादव के शब्दों में—"जहाँ अस्सी प्रतिशत आबादी सिर्फ बीस प्रतिशत की दया और कृपा पर जीवित हो वहाँ कोई भी सामाजिक बदलाव क्यों और कैसे आएगा।" क्या इस समस्या का कोई समाधान नहीं है? ..."आधारभूत व्यवस्था को गाँधी जी ने भी नहीं छुआ, वे ट्रस्टीशिप, छुआछूत उच्छेद या वर्णाश्रम धर्म को कायम रखते हुए दुसरे ऐसे ही आव्हानों द्वारा मनुष्य के भीतर के देवता को ही जगाते रहे. ..मार्क्सवादी जरूर सामाजिक और आर्थिक शोषण, विषमता मिटाने का आक्रामक विचार लेकर आए, मगर वे इतने किताबी और उद्धरण-आश्रित थे कि बिना इस

समाज की मूलभूत बीमारी 'वर्ण' को समझे सिर्फ 'वर्ग' की बात करते रहे-स्थितियों की मनमानी व्याख्याएँ देते अपनी गलतियाँ दुहराते रहे...हर सवाल का जवाब अंतर्राष्ट्रीयता में खोजते वे खुद सवर्ण क्रांतिकारी थे।"[40] राजेन्द्र यादव ने सामाजिक और आर्थिक विषमता को खत्म करने के लिए केवल किताबी ज्ञान पर्याप्त न होने की ओर संकेत किया है। वर्ग और वर्ण दोनों संघर्ष साथ-साथ मिलकर आगे बढ़ने और लड़ने की आवश्यकता का समर्थन किया है। ब्राह्मणवादी साहित्य से अलग दलित साहित्य की अवधारणा निर्मित होने के पीछे के विभिन्न और विशिष्ट कारणों में से एक कारण के संदर्भ में डॉ. देवेन्द्र कुमार चौबे लिखते हैं–"वास्तव में दलित साहित्य की अवधारणा को लेकर सारी लड़ाई पाठ, पाठ की विषयवस्तु, पाठ की अंतर्वस्तु, पाठ के स्वरुप और उस में आए विचार तथा समाज-दर्शन को लेकर है। दलित लेखक बार-बार व्यापक भारतीय समाज के सामने यह जाहिर करते हैं। अब तक का इतिहास दलित समाज की उपेक्षा, शोषण, दमन और तिरस्कार का रहा है। फिर कैसे और कितना एक दलित, गैर-दलित समाज और उसकी चिंता पर भरोसा करे? कारण, भारतीय सामाजिक संरचना में यदि एकाध अपवाद को छोड़ दिया जाए तो गैर-दलितों का, दलित जीवन में प्रवेश लगभग नगण्य रहा है।"[41] समाज में पवित्र और अपवित्र जैसी तथ्यहीन बातों के कारण विषमता की जड़ें मजबूत हुई हैं।

दलित लेखन के विषय में स्वानुभूति और सहानुभूति की प्रामाणिकता की बात दलित साहित्य की मूल अवधारणा से जुड़ी हुई हैं। इसलिए दलित साहित्य की अवधारणा को स्पष्ट करने के लिए इसकी प्रेरणा, भूमिका, विविध व विभिन्न प्रवत्तियों और विशेषताओं का समाजशास्त्रीय दृष्टि से अध्ययन-विश्लेषण करना अत्यंत आवश्यक है। दलित साहित्य के उद्भव से ही उसकी अवधारणा को लेकर जो विवाद और विमर्श शुरू हुआ था वह विवाद और विमर्श आज तक जारी है। इस विवाद और विमर्श की जड़ तक जाना होगा। इस विवाद के कारण इसके विकास में अनेक बाधाएँ आयी। इस विवाद के जरिये दलित और गैर-दलित इन दोनों ओर के लेखकों और आलोचको के बीच कई तरह के मतभेद सामने उभर कर आए हुए हैं। गैर-दलित लेखकों और आलोचकों का एक बहुत ही बड़ा तबका दलित साहित्य की अवधारणा को उसके शुरूआती दौर से ही नकारता हुआ दिखाई देता है। इस नकार के पीछे का कारण क्या हो सकता है? कारण एकदम साफ है, वे वर्ण-व्यवस्था और जातिप्रथा को अनदेखा करते हुए वर्ग संघर्ष को ही सर्वोपरि अपने लेखन में अभिव्यक्त करने पर जोर देने की बात करता आ रहा है जोकि वस्तुस्थिति असल में कुछ और है जिसकी चर्चा हमने की है। लेकिन दलित साहित्य की अवधारणा को नकारने के लिए उनके पास पुख़्ता तर्क और विवेक की दृष्टि कमजोर दिखाई देती है, और अपने अस्तित्व को बचाये और बनाये रखने की साजिश जरूर नजर आती है।

दलित लेखकों का साफ कहना है कि एकाध गैर-दलित लेखक और आलोचक अपवाद के तौर पर दलित साहित्य प्रवाह के पक्ष में खड़ा भी रहा है तो उनकी कथनी और करनी में अंतर दिखाई देता है। उनके लेखन में ईमानदारी की जगह छल-कपट की प्रवृत्ति दिखाई देती है। अर्थात गैर-दलितों का दलितों के प्रति जो लेखन किया गया है उस लेखन में दलितों को सामाजिक सुधार या परिवर्तन जैसे मुद्दों का आभास मात्र महसूस होता है। इसके बावजूद दलित लेखकों और आलोचकों ने विवेक-बुद्धि और तर्क के आधार पर दलित साहित्य की ऐतिहासिक अवधारणा को स्पष्ट किया हुआ है और दलित साहित्य को खारिज करने की तमाम साजिशों और कोशिशों को नाकामयाब और बेनकाब किया है। दलित साहित्य की अवधारणा पर जब बात होती है तब साहित्य में आरक्षण और विभाजन की चिंता ब्राह्मणवादी तथाकथित लेखकों और आलोचकों को कुछ ज्यादा ही परेशान करती रही हैं। ओमप्रकाश वाल्मीकि के शब्दों में–"तरह-तरह के साहित्यिक आंदोलनों को समाविष्ट कर लेनेवाले हिंदी जगत को चारणकाल, भक्तिकाल, नवजागरण काल, छायावाद, प्रगतिवाद, प्रयोगवाद, नई कहानी, नई कविता, जनवादी साहित्य, वामपंथी साहित्य, मार्क्सवादी साहित्य, गाँधीवादी साहित्य, वैदिक साहित्य, लौकिक साहित्य आदि कहने से कोई एतराज नहीं है, लेकिन दलित साहित्य या आंबेडकरवादी साहित्य कहने से उनकी भवें तन जाती हैं। सारी संवेदनाएँ सूखे रेत की मानिंद मुट्ठी से फिसल जाती है।"[42] ओमप्रकाश वाल्मीकि इस बात की ओर ध्यान आकर्षित करते हैं कि गैर-दलितों की दलितों के प्रति भेदभाव की नीति साहित्य में भी दिखाई देती है।

हिंदू धर्म में सदियों से दलित समाज पर सत्ता और संपत्ति का वर्चस्व क्यों रहा है? रमणिका गुप्ता के शब्दों में–"जो सत्ता के टुकड़ों पर पलते हैं या स्वार्थ की राजनीति करने वालों के इशारों पर शाब्दिक लठैती करते हैं अथवा शिक्षा-संस्थाओं में मोटी-मोटी तनख्वाहें पाते हैं। क्या वे मुकाबिला करेंगे उन दलित साहित्यकारों का जो सर पर कफन बांधकर चलने के जन्मजात आदि हैं या उनका जिन्हें किसी सुविधा का आभास तक नहीं? दलित तो स्वयं 'नकार' में पैदा हुए, पले, बढ़े, हेय दृष्टियों से देखे जाते रहे हैं अब वे 'नकार' को 'नकार' से ही काटेंगे। इन लोगों की ये शाब्दिक लठैती ठीक उसी प्रकार की है जैसे राष्ट्रीयकरण से पहले कोलरियों में ठेकेदार लठैतों को रखकर उन पर लाठी चलवाते थे लेकिन उनका संगठन बनते ही भाड़े के लाठी वाले भाग जाते थे। अब दलित भी लाठी वाला हाथ रोकने और थामने के काबिल होने लगे हैं। ये अब आपके शब्द भी रोकने को सक्षम हैं। उत्तर भी देंगे ये अब आपके शब्दों का। आइए, अब आप भी परिवर्तन की लहर के साथ बहने की तैयारी कीजिए। जड़ता छोड़िए!"[43] रमणिका गुप्ता सवर्णों की संकीर्ण मानसिकता की पर्तों को खोलते

हुए और बदलते समय और समाज के साथ-साथ उन्हें बदलने की सलाह दे रही है।

देश की सामाजिक-सांस्कृतिक विविधताओं और विशेषताओं का समर्थन करने वाले हिंदुओं द्वारा दलित समाज और उनके साहित्य का विरोध क्यों किया जा रहा? इसके संदर्भ में कंवल भारती लिखते हैं–"जब साहित्य मराठी, पंजाबी, बंगाली हो सकता है। हिंदी, उर्दू, अंग्रेजी में विभाजित हो सकता है। जब साहित्य हिंदुत्ववादी और इस्लामी हो सकता है, तो वह दलित क्यों नहीं हो सकता। जब इतने सारे विभाजन राष्ट्र की एकता को प्रभावित नहीं कर रहे हैं, तो दलित साहित्य ही राष्ट्रीय अवधारणा के विरूद्ध कैसे हो सकता है? दलित साहित्य तो मानव स्वातंत्र्य और समता, बंधुता के विचारों पर आधारित है, जो राष्ट्रीय एकता को मजबूत बनाते हैं। यह अच्छी बात है कि सर्वश्री राजेन्द्र यादव, राजकिशोर, कमलेश्वर, डॉ. महीप सिंह, मैनेजर पाण्डेय जैसे गैर-दलित साहित्यकार दलितों के बारे में लिख रहे हैं। फिर भी उनकी अपनी सीमाएँ हैं। वे आंबेडकर के प्रशंसक हो सकते हैं, परंतु उनके दर्शन को अपने रचना-कर्म का आधार नहीं बना सकते। इसके विपरित दलित साहित्यकार आंबेडकरवादी चिंतक हैं। उनके रचनाकर्म की आधारशिला है आंबेडकर दर्शन। दलित समाज को गैर-दलित लेखकों की रचनाएँ प्रेरणा नहीं देंगी, बल्कि दलित साहित्य ही उनके जीवन का वास्तविक साहित्य है। यह कहना भी गलत है कि दलितों की रचनाएँ कमजोर हैं। कमजोर उनकी समझने की दृष्टि है।"[44]..."यहाँ क्या नहीं विभाजित है? धर्म, कर्म, तीज-त्यौहार, व्रत, देवता, गाँव, समाज, संस्कृति, न्याय, खान-पान सब विभाजित है, पेशे विभाजित हैं, पहनावा विभाजित है, रीति-रिवाज विभाजित हैं, श्मशान विभाजित हैं, नेता विभाजित हैं, राजनीति विभाजित है, योजनाएँ विभाजित हैं, उन पर अमल विभाजित है, क्या नहीं विभाजित है? ये सारा विभाजन दलितों ने नहीं किया है। यह विभाजन उसी तथाकथित योग्य श्रेणी ने किया है, जो जन्मजात उच्च और योग्य होने का प्रमाण पत्र लेकर पैदा होती हैं।"[45] अधिकांश गैर-दलित लेखक और आलोचकों ने दलित साहित्य की अवधारणा पर अलगाव का साहित्य होने का आरोप लगाया है। बल्कि दलित साहित्य जन-जन के सुख और दुःख को जोड़ने की और समाज में समता, स्वतंत्रता और भाईचारा स्थापित करने की मुहिम है।

VIII

दलित साहित्य में 'दलित चेतना' का होना क्यों अनिवार्य है? गैर-दलित दलित साहित्य क्यों नहीं लिख सकता है? इसके कारण क्या है? दलित साहित्य कौन लिख सकता है? इन तमाम सवालों के जवाब डॉ. सुशीला टाकभौरे के शब्दों में–"गैर-दलित लेखक भी दलित साहित्य लिख सकता है, किन्तु उस तरह के साहित्य

में दलित साहित्य की विशिष्टताएँ खोजना मुश्किल होगा। क्योंकि एक दलित साहित्य के भोगे हुए यथार्थ एवं शोषण की अभिव्यक्ति उतनी संवेदनशीलता के साथ गैर-दलित साहित्यकार की रचनाओं में प्रकट नहीं हो सकती। दलित साहित्य में उपेक्षा, अपमान, पीड़ा की अभिव्यक्ति है। साथ ही आजादी के बाद की पीढ़ी की वाणी इसमें मुखरित हुई है। उसका सदियों का गूंगापन टूट गया है। उसके भीतर का आक्रोश ज्वालामुखी की तरह फूट पड़ा हैं। इसलिए सदियों के संताप की अभिव्यक्ति यदि कुछ ज्यादा ही दिखाई देती है, तो यह स्वाभाविक ही है इसके साथ दलित साहित्य का एक सकारात्मक रूख भी है। यह सकारात्मक पक्ष समाजोपयोगी एवं सामाजिक परिवर्तन की पृष्ठभूमि तैयार करने में सहायक हुआ है। दलित साहित्य दलितों को उनकी वास्तविकता से साक्षात्कार कराता हैं यह उनके कारणों का उन्हें ज्ञान कराता हैं। जिनकी वजह से वे दलित बने। ऐसी स्थिति में दलित साहित्य उनमें चेतना उत्पन्न करने में ऊर्जा का काम करता है।"[46] सुशीला टाकभौरे के अनुसार दलित साहित्य की अवधारणा में दलित चेतना का होना अत्यंत आवश्यक है। क्योंकि यह दलित चेतना ही शोषितो और उपेक्षितो के विकास में गति लाने के लिए उपयोगी है। बगैर दलित चेतना के दलित साहित्य की अवधारणा की कल्पना भी नहीं की जा सकती है इस बात पर सुशीला टाकभौरे जोर देती हैं।

जब वर्ण, वर्ग, वंश, धर्म और जाति के नाम पर सदियों से शोषित-उपेक्षित अस्पृश्यों ने शोषण और उत्पीड़न की हकीकत कहने के लिए आरंभ किया है। इस हकीकत को कहने का माध्यम भी उसने तलाश लिया है तो फिर अचानक से आज गैर-दलितों द्वारा दलित समाज के अस्तित्व और उनकी अस्मिताओं पर लिखने व बोलने का दावा करके उन पर एहसान क्यों जताया जा रहा है? दलित समाज गैर-दलितों से सवाल कर रहा है कि अब तक आप को किस ने रोका था वर्ण-व्यवस्था और जातिप्रथा के खिलाफ बोलने और लिखने से? दलित समाज के मानवीय अधिकारों की बात करने से? आखिर इतनी मेहरबानी और सहानुभूति क्यों? जब आप के पुरखों द्वारा दलितों पर जो अन्याय, अत्याचार और बहिष्कार जैसी अमानवीय घटनाओं को खुलेआम जो अंजाम दिया हुआ है उसके प्रति दलितों का प्रतिरोध दिन ब दिन तीव्र होता जा रहा है। तब कहीं यह देखकर आप को इस बात का खतरा तो नहीं दिख रहा है? लेकिन यह प्रतिरोध किसी के प्रति प्रतिशोध न होकर परिवर्तन की बातें कहता है, मनुष्य को संवेदनशील बनाता हैं क्योंकि दलित साहित्य व्यक्ति नहीं बल्कि व्यवस्था का विरोध करता है। मराठी के दलित लेखक शंकरराव खरात के शब्दों में दलितों कि–"अपनी अलग पीड़ा है। वह गैर-दलित साहित्यिकों की समझ में नहीं आएगी। उनका जीवन दुःख का दरिया है। इस से बाहर निकलने का मार्ग वे साहित्य

के जरिए ढूँढ रहे हैं। दलित साहित्यिक मनुष्य को केंद्र में रख कर उनका स्वाभिमान, आजादी और प्रतिष्ठा आदि के तहत उसका मूल्यांकन करता है। गुलामी से मुक्ति उसका 'अजेंडा' है। मैं कौन हूँ, इस समाज में मेरा क्या स्थान है आदि प्रश्नों का विवेचन-विश्लेषण दलित साहित्य में होता है। इसीलिए वह साहित्य 'मैं' का अन्वेषण करने वाला साहित्य है। जब तक इस समाज-व्यवस्था में जाति-भेद मौजूद रहेगा तब तक जातीय भेदभाव की आलोचना करने वाला साहित्य सृजन होता रहेगा।"[47] शंकरराव खरात के अनुसार दलित साहित्य सदियों से शोषित और उपेक्षित मनुष्य के अस्मिता, अस्तित्व और मानवीय अधिकारों की लड़ाई लड़ रहा है। इस लड़ाई में अपने शब्दों को ओर शस्त्र की तरह देख रहा है।

संक्षेप में, अधिकांश गैर-दलित लेखक और आलोचक दलित साहित्य की अवधारणा को जाति सूचक और सिर्फ आर्थिक शोषण के संदर्भ में परिभाषित करने की कोशिश करते हुए क्यों दिखाई देते हैं? कंवल भारती के शब्दों में–"अंततः सवाल यह है कि 'व्यक्तिगत साधना से श्रेष्ठ साहित्य' लिखने का दावा करने वाले ये द्विज लेखक साहित्य पर हमलावर क्यों हैं? यदि दलित साहित्य सीमित है, जातिवादी है, फार्मूलाबद्ध है, अनगढ़ और शुष्क है, कमजोर है, तो उससे चिंतित होने की क्या जरूरत है? वह स्वतः एक दिन खत्म हो जाएगा। पर, नबात यह नहीं है। ये हमलावार इसलिए हैं, क्योंकि ये दलित साहित्य से भयभीत हैं। दलित साहित्य ने द्विज वर्ग को नंगा खड़ा कर दिया है। इसलिए ये सारे नंगे लोग दलित साहित्य के विरूद्ध उसी तरह हमलावर हैं, जिस तरह 1990 में मंडल आयोग द्वारा नंगे खड़े कर दिए गए द्विज पिछड़ी जातियों पर हमलावर हो गए थे। ये परिवर्तन विरोधी और फासीवादी लोग दलित साहित्य के पक्ष में कभी नहीं हो सकते।"[48] दलित साहित्य के विरोध में खासकर तथाकथित सवर्ण, प्रगतिशील लेखकों और आलोचकों की भूमिका ज्यादा बढ़ चढ़कर दिखाई देती हैं। क्योंकि इस भारतीय प्रगतिशील विचारधारा की श्रेणी में ज्यादातर बुद्धिजीवी तो ब्राह्मणवादी वर्ग और विचारों से आते हैं। जिसके कारण वे उन सनातन और हिंदू संस्कारों से बिल्कुल मुक्त नहीं हुए हैं, जो इन्हें घर-परिवार से लेकर समाज और विद्यालय, महाविद्यालय व विश्वविद्यालय तक के परिवेश में हिंदू धर्म और ब्राह्मणवादी समाज ने संस्कारों के नाम पर दिए है। यह बात सामाजिक-सांस्कृतिक से लेकर साहित्यिक इन तीनों स्तर पर उनके व्यवहार और विचार से साफ तौर से झलकती है। इसके बावजूद दलित लेखक और आलोचक सामाजिक और आर्थिक इन दोनों स्तर के शोषण को केंद्र में रखकर दलित साहित्य की अवधारणा को स्पष्ट करते हुए दिखाई देते हैं जिसके कारण दलित साहित्य का उद्देश्य और स्वरुप अधिक से अधिक व्यापक और समृद्ध होता हुआ नजर आता है। दिनों-दिन दलित साहित्य का

विकास निरंतर सकारात्मक दृष्टि से गतिमान क्यों हो रहा है इसके पीछे की पृष्ठभूमि को भी स्पष्ट करने की कोशिश दलित लेखकों और आलोचकों द्वारा की गई है।

संदर्भ संकेत

1. दलित साहित्य : वेदना और विद्रोह–शरणकुमार लिंबाले (संपादक), वाणी प्रकाशन, 21-ए, दरियागंज, नयी दिल्ली-110 002, प्रथम संस्करण-2010, पृ. 128-29
2. वही, पृ. 129-30
3. दलित लेखन का अन्तर्विरोध–डॉ. रामकली सर्राफ (संपादक), शिल्पायन प्रकाशन,10295, लेन नं. 1, वैस्ट गोरखपार्क, शाहदरा, दिल्ली-110 032, प्रथम संस्करण-2012, पृ.128-29
4. वही, पृ. 27
5. शुक्रवार साहित्य वार्षिक, लेखन में आरक्षण-परिचर्चा, दलित विमर्श से दलितों का भी भला नहीं होगा, वर्ष-2013, पृ. 6
6. दलित साहित्य वार्षिकी–डॉ. जयप्रकाश कर्दम (संपादक), ई-10/666, उत्तरांचल कालोनी, लोनी बॉर्डर, लोनी, गाजियाबाद (उ. प्र.)-201 102, भूमिका से उद्धृत
7. दलित चेतना : सोच–रमणिका गुप्ता, नवलेखन प्रकाशन, हजारीबाग (झारखंड)-825 301, संस्करण-1998, पृ. 11
8. दलित चेतना : साहित्यिक एवं सामाजिक सरोकार–रमणिका गुप्ता, समीक्षा पब्लिकेशन्स, एक्स/3284 ए, स्ट्रीट नं. 4, रघुबरापुरा नं. 2, गाँधी नगर, दिल्ली-110 031, संस्करण-2008, पृ. 22
9. दलित साहित्य का सौंदर्यशास्त्र–ओमप्रकाश वाल्मीकि, राधाकृष्ण प्रकाशन प्रा. लि. 7/31, अंसारी मार्ग, दरियागंज, नयी दिल्ली-110 002, प्रथम संस्करण-2001, पृ. 19
10. आंबेडकरी चळवळीचे अंतरंग–अर्जुन डांगले, लोकवाङ्मय गृह, भूपेश गुप्ता भवन 85, सयानी रोड, प्रभादेवी, मुंबई-400 025, प्रथम संस्करण-2001, पृ. 130
11. दलित साहित्य का सौंदर्यशास्त्र–ओमप्रकाश वाल्मीकि, राधाकृष्ण प्रकाशन प्रा. लि. 7/31, अंसारी मार्ग, दरियागंज, नयी दिल्ली-110 002, संस्करण-2001, पृ. 107
12. वही, पृ. 97
13. दलित विमर्श की भूमिका–कंवल भारती, साहित्य उपक्रम, पुनर्मुद्रण फरवरी-2012, पृ. 139-40
14. वही, पृ. 140-41
15. मेरे साक्षात्कार–डॉ. जयप्रकाश कर्दम, अमन प्रकाशन,104 ए/80सी, रामबाग, कानपुर नगर (उ. प्र.)-208 012, प्रथम संस्करण-2013, पृ. 55
16. शतकातील दलित विचार–शरणकुमार लिंबाले (संपादक), दिलीपराज प्रकाशन प्रा. लि. 251-क, शनिवार पेठ, पुणे-411 030, पृ. 119
17. कल के लिए–जयनारायण (संपादक), दिसंबर-1998, पृ. 61
18. वही, पृ. 18
19. युद्धरत आम आदमी–रमणिका गुप्ता (संपादक), अंक-41-42, वर्ष-1998, पृ. 41

20. दलित साहित्य का सौंदर्यशास्त्र–शरणकुमार लिंबाले (हिंदी अनुवाद : रमणिका गुप्ता), वाणी प्रकाशन, 21-ए, दरियागंज, नयी दिल्ली-110 002, द्वितीय संस्करण-2005, पृ. 42
21. वसुधा, अंक-58, पृ. 287
22. दलित चेतना की पहचान–डॉ. सूर्यनारायण रणसुभे (संपादक), वाणी प्रकाशन, 4695, 21-ए, दरियागंज, नयी दिल्ली-110 002, प्रथम संस्करण-2013, पृ. 102-3
23. दलितों को अब आत्म परिक्षण का साहित्य लिखना चाहिए!–राजेन्द्र यादव से विभास वर्मा की बातचीत, संपादक-द्वारिका प्रसाद चारूमित्र, साँचा प्रकाशन, 148 कादंबरी, सेक्टर-8, रोहिणी, दिल्ली-110 085, पृ. 208
24. दलित साहित्य का सौंदर्यशास्त्र–शरणकुमार लिंबाले, (हिंदी अनुवाद : रमणिका गुप्ता), वाणी प्रकाशन, 21-ए, दरियागंज, नयी दिल्ली-110 002, द्वितीय संस्करण-2005, पृ. 42
25. दलित चिंतन का विकास : अभिशप्त चिंतन से इतिहास चिंतन की ओर–डॉ. धर्मवीर, वाणी प्रकाशन, 21-ए, दरियागंज, नयी दिल्ली-110 002, संस्करण-2008, पृ. 16
26. वही, पृ. 20
27. दलित साहित्य का सौंदर्यशास्त्र–ओमप्रकाश वाल्मीकि, राधाकृष्ण प्रकाशन प्रा. लि. 7/31, अंसारी मार्ग, दरियागंज, नयी दिल्ली-110 002, प्रथम संस्करण-2001, पृ. 15
28. प्रगतिशील वसुधा, अंक-91, अप्रैल-जून-2012, पृ. 102
29. अमर उजाला, मंगलवार, 08 नवंबर-2011से उद्धृत
30. कल के लिए–जयनारायण (संपादक), दिसंबर-1998, पृ. 17
31. सम्यक भारत–के. पी. मौर्या (संपादक), दिसंबर-2011, वर्ष-8, अंक-2, पृ. 72
32. शुक्रवार साहित्य वार्षिक, लेखन में आरक्षण–परिचर्चा, दलितों के बारे में सिर्फ दलित ही क्यों लिखेंगे, वर्ष-2013, पृ. 9-10
33. हिस्सेदारी के प्रश्न-प्रतिप्रश्न : दलित विमर्श-2–उमाशंकर चौधरी (संपादक), अनामिका पब्लिशर्स एंड डिस्टीब्यूटर्स, दरियागंज, नयी दिल्ली-110 002, संस्करण-2009, पृ. 374
34. कल के लिए, त्रैमासिक पत्रिका, एक साक्षात्कार से उद्धृत, दिसंबर-1998, पृ. 17
35. मुख्यधारा और दलित साहित्य–ओमप्रकाश वाल्मीकि, सामयिक प्रकाशन, 3320-21, जटवाड़ा, नेताजी सुभाष मार्ग, दरियागंज, नयी दिल्ली-110 002, संस्करण-2010, पृ. 15
36. लेखन में आरक्षण : परिचर्चा, दलितों के बारे में सिर्फ दलित ही क्यों लिखेंगे, शुक्रवार साहित्य वार्षिक, वर्ष-2013, पृ. 18
37. वही, पृ. 16
38. नया पथ, अंक-24-25, वर्ष, 1997, पृ. 93-94
39. दलित साहित्य का सौंदर्यशास्त्र–ओमप्रकाश वाल्मीकि, राधाकृष्ण प्रकाशन प्रा. लि. 7/31, अंसारी मार्ग, दरियागंज, नयी दिल्ली-110 002, संस्करण-2001, पृ. 39
40. आदमी की निगाह में औरत–राजेन्द्र यादव, वाणी प्रकाशन, 21-ए, दरियागंज, नयी दिल्ली-110 002, प्रथम संस्करण-2001
41. आधुनिक साहित्य में दलित विमर्श–देवेन्द्र कुमार चौबे, ओरियंट ब्लैकस्वॉन, प्राइवेट लिमिटेड, 1/24 आसफ अली रोड़, नयी दिल्ली-110 002, प्रथम संस्करण-2009, पृ. 54
42. मुख्यधारा और दलित साहित्य–ओमप्रकाश वाल्मीकि, सामयिक प्रकाशन, 3320-21,

जटवाड़ा, नेताजी सुभाष मार्ग, दरियागंज, नयी दिल्ली-110 002, संस्करण-2010, पृ. 15

43. दलित चेतना : साहित्यिक एवं सामाजिक सरोकार–रमणिका गुप्ता, समीक्षा पब्लिकेशन्स, एक्स/3284ए, स्ट्रीट नं. 4, रघुबरापुरा नं. 2, गाँधी नगर, दिल्ली-110 031, संस्करण-2008, पृ. 167
44. दलित दख़ल–डॉ. श्यौराज सिंह 'बेचैन', रजत रानी 'मीनू' (संपादक), आकाश पब्लिशर्स एण्ड डिस्ट्रीब्यूटर्स, ई-10/665, उत्तरांचल कॉलोनी, लोनी बार्डर, गाज़ियाबाद(उ. प्र.)-201 102, संशोधित संस्करण-2007, पृ. 94
45. दलित साहित्य और विमर्श के आलोचक–कंवल भारती, स्वराज प्रकाशन, 7/14, गुप्ता लेन अंसारी रोड, दरियागंज, नयी दिल्ली-110 002, प्रथम संस्करण-2009, पृ. 49
46. दलित दख़ल–डॉ. श्यौराज सिंह 'बेचैन', रजत रानी 'मीनू' (संपादक), आकाश पब्लिशर्स एण्ड डिस्ट्रीब्यूटर्स, ई-10/665, उत्तरांचल कॉलोनी, लोनी बार्डर, गाज़ियाबाद(उ. प्र.)-201 102, संशोधित संस्करण-2007, पृ. 177
47. दलित साहित्य : वेदना और विद्रोह–शरणकुमार लिंबाले (संपादक), वाणी प्रकाशन, 21-ए, दरियागंज, नयी दिल्ली-110 002, प्रथम संस्करण-2010, पृ. 210-11
48. दलित साहित्य और विमर्श के आलोचक–कंवल भारती, स्वराज प्रकाशन, 7/14, गुप्ता लेन अंसारी रोड, दरियागंज, नयी दिल्ली-110 002, प्रथम संस्करण-2009, पृ. 46

अध्याय-3

छप्पर उपन्यास में दलित चेतना, वेदना और विद्रोह

दलित चेतना, वेदना और विद्रोह का सरोकार इस सवाल से बहुत गहराई तक जुड़ा हुआ है कि 'मैं कौन हूँ?' और 'मेरी पहचान क्या है?' वर्णाश्रम समाज में हजारों साल दलितों के साथ अन्याय, अत्याचार, शोषण और जातीय भेदभाव जैसा बर्ताव किया है। दलितों ने अपने अस्तिव की रक्षा के लिए समय के साथ-साथ जो विद्रोह किया उसे चेतना या 'स्व' जागृति के अर्थ में लिया गया है। समाज में जागृती, आत्मभाव चैतन्य पौरुषत्व की भावना पैदा करने वाली धारा 'चेतना' ही है। दलित समाज में उत्पन्न चेतना नई विचारधारा नए समाज व्यवस्था का ही प्रमाण है। चेतना क्रांति का प्रतीक है और साहित्य में इसी संकल्पना के रूप में चेतना को स्पष्ट किया है। आधुनिक दौर में दलित समाज का यथार्थ साहित्य के चिंतन का केंद्रीय विषय बना हुआ है।

I

जयप्रकाश कर्दम का छप्पर उपन्यास सन् 1994 में समता प्रकाशन नयी दिल्ली से और 2014 में सम्यक प्रकाशन नयी दिल्ली से प्रकाशित हुआ है। इस उपन्यास का हिंदी साहित्य जगत पर व्यापक प्रभाव दिखाई देता है। खासकर, यह रचना हिंदी दलित साहित्य की एक अनिवार्य कृति है क्योंकि हिंदी दलित साहित्य पर कोई भी सार्थक चर्चा छप्पर उपन्यास के बिना अधूरी है। गाँवों के दलित झुग्गी-झोपड़ियों में रहते है, वे आर्थिक अभाव-शोषण के साथ-साथ सामाजिक बहिष्कार और उपेक्षा के शिकार होते है। छप्पर इसी दलित जीवन का प्रतीक है। छप्पर उपन्यास रचना प्रक्रिया के संदर्भ में जयप्रकाश कर्दम कहते हैं–'एक दलित छात्र को शहर की पढ़ाई छोड़कर सवर्णों के दबाओं के कारण गाँव आना पड़ा, इस घटना ने मुझे झकझोर दिया, उसका शिक्षा का अधिकार गाँव के सवर्णों ने छीन लिया, इस से छप्पर लिखने की प्रेरणा मिली।'

छप्पर उपन्यास का नायक चंदन दलित परिवार का होने से दलितों की पीड़ा, यातना और उनकी अनगिनत समस्याओं से स्वानुभूतिपरक परिचित है। सुक्खा तथा

रमिया चंदन के माता-पिता जाति से चमार होने के कारण तथाकथित सवर्ण और सामंतवादी-पूँजीवादी समाज के द्वारा आर्थिक एवं सामाजिक शोषण से प्रताड़ित है। उनका मातापुर गाँव में एक छप्परनुमा घर है। उनकी कुछ जमीन है जो जमींदार ठाकुर हथिया लेता है। सुक्खा दीनता और अभावग्रस्तता के बावजूद भी अपनी इकलौती संतान चंदन को उच्च शिक्षित बनाने की सोचता है। चंदन के माता-पिता स्वयं अभावों तथा कष्टों को सहकर त्यागमयी जीवन बिताते हुए हर पल चंदन के भविष्य के बारे में चिंतित रहते हैं। वे चंदन को पढ़ा-लिखाकर बड़े ओहदे पर अफसर के रूप में विराजमान हुआ देखना चाहते हैं। चंदन का पिता सुक्खा कहता है–"बस्स किसी तरह उसकी पढ़ाई-लिखाई पूरी हो जाए।"[1] सुक्खा की उम्र अभी ज्यादा नहीं थी किन्तु कठोर परिश्रम और दमे की बीमारी ने समय से पहले ही उसे बूढ़ा बना दिया था। सुक्खा की पत्नी रमिया जो अपने पति के लिए हर समय त्याग और समर्पण के लिए तैयार रहती है। सुक्खा और रमिया दोनों अनपढ़ होकर भी अपनी इकलौती संतान चंदन को उच्च शिक्षा हेतु शहर भेजते है ताकि चंदन पढ़-लिख कर सदियों की गुलामी की जंजीरों से मुक्त होकर स्वाभिमानी जीवन जीए। सुक्खा की मान्यता है कि व्यक्ति जन्म से बढ़ा न होकर गुण-कर्म एवं योग्यता के बलबूते पर बड़ा होता है।

हिंदू समाज में मेहनत-मजदूरी के बल पर जिंदा रहने वाले दलितों की विवशता–"दिन-रात कमरतोड़ मेहनत करके भी आदमी को दो जूनकी रोटी मयस्सर नहीं हो पाती ठीक से। बीस-तीस रूपये का काम कराकर मालिक छः-सात रुपये देता है-दिहाड़ी के। भूखा पेट क्या करे, जो मिल जाए उसी से संतोष करना पड़ता है। ज्यादा दिहाड़ी की बात करें भी कैसे, क्या पता कल को उससे भी हाथ धोना पड़ जाए। ऊपर से मालिक की गालियाँ और 'साले चले आते हैं नखरा दिखाने, लीडर बनते हैं हरामजादे।"[2]

मातापुर गाँव में ठाकुर हरनाम सिंह सब से बड़ी हस्ती है। परंपरा से चली आ रही उनकी जमींदारी के कारण इलाके भर में उनका दबदबा है। उनकी इतनी बड़ी मिल्कियत थी कि एक जान और सौ आफत। पुलिस-दारोगा, तहसीलदार, कलेक्टर छोटे से लेकर बड़े तक सभी सरकारी अफसर उनके पहचान के रहे है। उनकी अपनी एक हैसियत है। उनके जीवन में किसी भी चीज की कमी नहीं रही है। किन्तु इन सभी बातों के बावजूद भी उनकी एक व्यथा थी। असमय पत्नी की मृत्यु से एक बेटे की आशा पूरी न हो सकी थी। उनकी इकलौती बेटी रजनी एकमात्र उनके जीवन का आधार है। उनके पश्चात उनकी इतनी बड़ी जागीर की वारिस तथा वंश का चिराग रजनी ही थी।

चंदन मातापुर गाँव से उच्च शिक्षा के लिए शहर चला जाता है। गाँव के

जमींदार को यह बात अच्छी नहीं लगी। वह चंदन को शहर से वापस गाँव बुलाने के लिए उसके पिता सुक्खा पर दबाव डालता है किन्तु सुक्खा चंदन को उच्च शिक्षित बनाकर बड़ा अफसर बनाने का सपना देखता है। इसलिए सुक्खा जमींदार ठाकुर हरनाम सिंह को विनयतापूर्वक कहता है–"आप माई-बाप हैं मालिक! आपका दिया खाते हैं। आपका गुलाम हर समय आपकी ताबेदारी में हाजिर है। पर बेटा नहीं माना जिद्द कर बैठा आगे पढ़ने की और शहर चला गया है।"[3] तथाकथित सवर्ण दलितों के शिक्षित होने के खिलाफ है क्योंकि दलित पढ़-लिख लिया तो फिर उनके घरों-खतों में मजदूरी कौन करेगा? उनकी गुलामी कौन करेगा?

ठाकुर हरनाम सिंह की बात को सुक्खा टाल कर सारी बातें वह अपने बेटे पर छोड़ने की कोशिश करता है लेकिन सुक्खा की इस साज़िश को पहचानते ही उनका खून खौल उठता है। अपने गुस्से पर काबू पाकर सुक्खा को समझाने के स्वर में कहते हैं–"अपना घर और अपनी धरती छोड़कर भी कोई कहीं जाता है भला और तुम्हारा बेटा चला है, अपना घर और गाँव छोड़कर हमें भी बहुत दिन से एक ईमानदार और पढे-लिखे आदमी की जरूरत थी इस सब की देखभाल और हिसाब-किताब के लिए। तुम्हारे बेटे से ज्यादा विश्वासपात्र आदमी और कौन मिल सकता है हमें। तुम उसे वापस बुला लो सब दिक्कतें दूर हो जाएगी तुम्हारी।"[4] ठाकुर हरनाम सिंह चंदन को अपने यहाँ नौकरी पर रखकर उसे गुलाम बनाना चाहता है। वह सुक्खा को धमकाता भी है किन्तु सुक्खा को उनकी इस स्वार्थी प्रवृत्ति को समझने में देर नहीं लगती। वह ठाकुर साहब की इस चाल को समझते मन में सोचता है–"तुम्हारी चिकनी-चुपड़ी बातों में आकर अपने बेटे को तुम्हारी गुलामी नहीं करने दूँगा। तुम लोग मक्कार हो, धोखेबाज हो।"[5] दलित मजदूर सुक्खा में निर्माण हुई चेतना बाबा साहेब डॉ. आंबेडकर की देन है। दलितों का पढ़ना-लिखना और आगे बढ़ना गाँव के तथाकथित सवर्ण मानसिकता के लोगों को अच्छा नहीं लगता है। उनकी धारणा यह रहती है कि यदि दलित मजदूरों के बेटे-बेटियाँ शिक्षा के बहाने शहर जाने लगे तो हमारे खेतों में काम कौन करेगा? यदि वे बड़े अफसर बने तो हमारा सामाजिक स्तर धोखे में आएगा। इस धारणा के परिणामस्वरूप ये तथाकथित सवर्ण हमेशा दलितों के बेटे-बेटियों की पढ़ाई में मुश्किलें पैदा करने का काम करते है।

II

ठाकुर हरनाम सिंह की बात सुक्खा नहीं मानता है, इस पर नाराज होकर तथाकथित सवर्ण लोग पंचायत बुलाते हैं। इस पंचायत में सुक्खा के खिलाफ फैसला सुनाते हैं–"सुक्खा को खेत-क्यार में घुसने न दिया जाए न उसे किसी डौले चकरोड़

से घास खोदने दी जाए और न उसे लाई-पताई या मजदूरी के लिए बुलाया जाए।"[6] पंचायत में सुक्खा को बहिष्कृत करने का निर्णय लिया जाता है। अब वह दिलों-दिमाग से फैसला करता है कि चंदन को किसी भी कीमत पर वापस गाँव नहीं बुलाएगा। जमींदारों एवं ब्राह्मणों के दबाव में नहीं आएगा।

सुक्खा स्वाभिमानी दलित है। रोटी से ज्यादा इज्जत को महत्त्व देता है। वह इस अन्याय का डटकर विरोध करते हुए कहता है–"मैं मर जाऊँगा भूखा प्राण तज दूँगा। सब कुछ बर्दाश्त कर लूँगा मैं, पर चंदन को इस नर्क में नहीं पड़ने दूँगा कभी, जिस नर्क में मुझे रहना पड़ा है।"[7] सुक्खा ने जीवन भर घृणा, उपेक्षा और अपमान सहा था किन्तु अब उसमें स्वाभिमान जागृत हुआ है। वह सवर्ण मानसिकता के खिलाफ विद्रोह करता है। छप्पर उपन्यास में सवर्ण-दलित के बीच संघर्ष है परंतु यह संघर्ष हिंसात्मक नहीं है क्योंकि एक दलित मजदूर आर्थिक कारणों से खुलेआम ठाकुरों से संघर्ष नहीं कर पाता है।

सदियों से परंपरागत मान्यताओं से हिंदू समाज में दलित वर्ग यातना, प्रताड़ना सहते हुए जीवन संघर्ष करता आ रहा है। ग्रामीण क्षेत्र में ठाकुर, जमींदार, सेठ-साहुकार इन पर अन्याय अत्याचार करते है। छप्पर उपन्यास का नायक चंदन दीन-दलितों के प्रति केवल संवेदनशील ही नहीं है बल्कि चिंतित भी है। वह उनमें परिवर्तन हेतु रात-दिन कार्यरत है। चंदन समाज व्यवस्था में उपेक्षित दलित समाज को शिक्षित बनाना चाहता है। उन्हें शिक्षित बनाकर संगठित करना चाहता है। अपनी अस्मिता के लिए उन्हें सघर्षशील बनाना चाहता है। वह सवर्णों से हिंसात्मक संघर्ष छेड़ने की अपेक्षा आंबेडकरवादी विचारधारा के अनुरूप उनकी सोच में बदलाव लाना चाहता है। उन्हें अपने किए पर पश्चाताप व्यक्त करने की स्थिति का निर्माण करता है। छप्पर उपन्यास के मूल में दलित-सवर्ण समाज की विविध प्रवृत्तियों का चित्रण किया है। दलित समाज जीवन के हर पहलुओं का बड़ी गहराई के साथ विश्लेषण किया है। समाज में चेतना की पृष्ठभूमि का निर्माण करके हिंदू समाज व्यवस्था पर व्यंग्य किया है।

मातापुर गाँव का काणा पंडित जो अज्ञानी लोगों का धार्मिकता के नाम पर शोषण करता है। वह विद्या तो नहीं जानता किन्तु ब्राह्मणवादी सोच के बल पर लोगों के हाथ देखकर उनके भविष्य बताता है। सब की झाड़-फूंक भी करता है। इस पाखंडता के बदले खूब दान-दक्षिणा प्राप्त करता है। जिस से उसकी जीविका मजे में चलती है। धर्म के नाम पर ये ब्राह्मणवादी मानसिकता के बर्बर प्रतिनिधि काणे पंडित और ठाकुर हरनाम सिंह सुक्खा के बेटे चंदन की शिक्षा में मुश्किलें पैदा करने का प्रयास करते हैं। वे सोचते हैं कि आज तक मातापुर गाँव से ब्राह्मण, ठाकुर, सेठ,

साहुकारों के घर से किसी का भी लड़का पढ़ाई के लिए शहर नहीं गया है। किन्तु एक दलित चमार का लड़का शहर पढ़ने गया है। काणा पंडित सुक्खा से कहता है–"तू कितना भी बड़ा हो जा सुक्खा, लेकिन धर्मशास्त्रों से बड़ा नहीं हो सकता। तू अपमान करता है धर्मशास्त्रों का वेद-वेदांगों का नास्तिक।"[8].जब दलित जातिवाद के खिलाफ बोलने लगते है तब काणा पंडित कहता है–"वे मिटाएँगे सबका भेद। ऐसा कैसे हो सकता है, कैसे बराबर हो सकते हैं ब्राह्मण और भंगी सब? यह कोई उनकी बनाई व्यवस्था है कि लिया और खत्म कर दिया। सनातन व्यवस्था है, यह तो रहेगी ही। धर्मशास्त्रों से भी बड़ा कोई हो सकता है भला।"[9] तथाकथित सवर्णों की सर्किण मानसिकता को दर्शाया है। जाति को श्रेष्ठता का आधार बनाकर ये लोग अपने से किसी को ऊँचा नहीं मानते हैं। चंदन को वापस गाँव बुलाने के लिए सुक्खा को मजबूर करने का प्रयास करते है। उसकी नाकाबंदी की जाती है। लगान के नाम पर उसका खेत हथिया लिया जाता है। ठाकुर हरनाम सिंह को अपनी बात का न मानना अपमानजनक लगता है। उसी दिन ठाकुर साहब ने सवर्णों की पंचायत बुलाई और फैसला हुआ कि न तो सुक्खा को खेती में काम दिया जाए और उसे कोई मदद करें। सुक्खा पर सामाजिक बहिष्कार डाला जाता है। दलितों को पीड़ा पहुँचाने का यह कारगर उपाय का तथाकथित सवर्ण लोग प्रयोग करते हैं।

ठाकुर हरनाम सिंह और काणा पंडित ने सोचा था कि जीवन के सब रास्ते बंद हो जाने पर ही सुक्खा उनके सामने गिड़गिड़ाएगा, उसकी हेकड़ी निकल जाएगी और अपने बेटे को वह शहर से वापस बुला लेगा लेकिन जीवन भर घृणा और उपेक्षा, अपमान का शिकार रहा सुक्खा में स्वाभिमान जाग उठता है। वह अपनी छोटी सी खेती में मेहनत से कमाना शुरू करता है। वह सोचता है कि ठाकुर, जमींदारों ने रास्ते बंद किए तो क्या, अपनी जिंदगी के रास्ते तो बंद नहीं हो जाते है। इस विचारधारा के बल पर वह जीवन में आगे बढ़ते रहता है किन्तु आपत्तियों ने उसका साथ नहीं छोड़ा। पहले भैंस मरी और बाद में लगान न देने के कारण खेत से बेदखल किया गया। लाला दुर्गादास ने गिरवी घर पर कब्जा कर लिया। सुक्खा को मातापुर गाँव छोड़कर नजदीक के कस्बे में जाकर रहना पड़ा। इन सारे अन्याय अत्याचार को सहकर भी वह संघर्ष के पथ पर आगे ही बढ़ता रहा है। अपने बेटे की पढ़ाई में रुकावट पैदा न हो इसलिए चंदन को इन बातों का कोई एहसास नहीं होने दिया।

सुक्खा को रजनी से पता चलता है कि चंदन शहर में रहकर अपनी शिक्षा के साथ-साथ दलित समाज के लोगों को शोषण से मुक्त करने के लिए शिक्षा, संगठन और संघर्ष के मूल्यों का महत्त्व उन्हें समझाकर उनमें समता, स्वतंत्रता, बंधुता और न्याय इन मौलिक अधिकारों के प्रति जागृति कर रहा है। चंदन सामाजिक कार्यों में

दिन-रात एक कर रहा है। वह दलितों का आत्मविश्वास तथा प्रेरणास्रोत बनकर सामाजिक क्रांति का प्रतीक बना हुआ है। सुक्खा चंदन के इन कार्यों से परिचित होकर कहता है–"हमारी आशाओं का केंद्र, हमारे जीवन का आधार चंदन ही है हमारा सब कुछ। यदि समाज को जरूरत है तो अब से चंदन को समाज के लिए छोड़ता हूँ मैं।"[10] सुक्खा अनपढ़ होकर भी शिक्षा के महत्त्व से परिचित है। वह स्वाभिमानी, प्रेरणादायी, सामाजिक दायित्व में तत्पर, ईमानदार और मेहनती व्यक्ति हैं। दलित समाज के हित के लिए वह अपने पुत्र को अपने स्वार्थ के शिकंजे में फंसाना नहीं चाहता है। एक निस्वार्थी पिता के रूप में लेखक ने सुक्खा को चित्रित किया है।

III

चंदन की बचपन से ही पढ़ाई में रुचि रहती है। वह आत्मविश्वास और स्वाभिमान के गुणों से संपन्न है। यह कोई नयी बात नहीं है कि भारत में गाँव के स्कूलों में दलितों के बच्चों को बैठने की व्यवस्था कक्षा के सब से पिछले बेंच पर थी। जहाँ से उन्हें न अध्यापक की बातें सुनाई देती थी न ही बोर्ड पर की लिखावट स्पष्ट रूप से दिखाई देती थी। मातापुर गाँव के बच्चे अपने गाँव से दूसरे गाँव में पढ़ाई के लिए जाते थे। मातापुर गाँव के ठाकुर हरनाम सिंह की इकलौती संतान रजनी पढ़ाई के लिए वहीं आती थी। वह चंदन की कक्षा में ही पढ़ती थी। एक दिन कक्षा में चंदन के फटे कुर्ते पर व्यंग्य करने का यह अपमान रजनी को समस्त मातापुर वासियों का अपमान महसूस होता है। वह चंदन की सहायता हेतु नया कुर्ता लाने के लिए उसे पैसों की मदद करने का प्रयास करती है किन्तु चंदन उसे समझाते हुए कहता है–"परीक्षा होने दो रिजल्ट बता देगा कि उपहास का पात्र कौन है। तुम देखना रजनी मातापुर का फटे कुर्तेवाला यह गरीब लड़का सब से अच्छे नंबरों में पास होगा।"[11] चंदन आत्म सम्मान के साथ जीना चाहता था। वह अपने माता-पिता के कठोर परिश्रम से परिचित था। वह सोचता था कि मेरी पढाई के लिए मेरे माता-पिता दिन-रात मेहनत मजदूरी करते हैं ताकि मैं पढ़-लिखकर अपना जीवन सुधार सकूं। साथ ही उनका सहारा भी बनूँ। इसलिए किसी भी तरह स्थिति-परिस्थितियों में मुझे उनकी आशा-आकांक्षाओं की पूर्ति करनी ही होगी। चंदन पूरी निष्ठा और ईमानदारी से मन लगाकर पढ़ाई करता है। उसका यही स्वाभिमान और आत्मविश्वास उसे मातापुर से शहर में उच्च शिक्षा ग्रहण करने हेतु ले आता है।

जब चंदन मातापुर से शहर उच्च शिक्षा के लिए जा रहा होता है, तब उस समय उसके मन-मस्तिष्क में शहर में स्थित समाज व्यवस्था को लेकर एक विचार आता है कि गाँव तथा शहर के सामाजिक परिवेश में कुछ फर्क होगा, किन्तु उसकी

सोच कल्पना बनकर ही रह जाती है क्योंकि शहर में भी गाँव की तरह अज्ञान, शोषण, जाति-भेद, अंधविश्वास, कानून का आतंक, सेठ-साहुकारों के सूद की निर्मम मार, गरीब दलितों की असुरक्षा तथा आर्थिक अभावों की पीड़ा और रोटी, कपड़ा, मकान की कमी आदि के रूप में गंदगी फैली हुई देखने को मिलती है। चंदन शहर में संत नगर के जे.जे. कालोनी में एक दलित मजदूर हरिया की झोपड़ी में रहकर अपनी शिक्षा के साथ-साथ समाज कार्य में व्यस्त रहता है।

सवर्णों की खेतीबाड़ी में काम करने वाले दलित मजदूरों का जमींदार हमेशा शोषण करते हैं। इसी जमींदारी शोषण का शिकार हरिया है। हरिया चंदन के साथ अपने बेटे जैसा स्नेह से बर्ताव करता है। चंदन हरिया के घर रहने के लिए आने से उस के बूढ़े और लुंज-पुंज शरीर में नई शक्ति, नई स्फूर्ति का संचार होता है। हरिया चंदन के सामाजिक कार्यों से प्रभावित होकर उसके हर संघर्ष का साथी और लड़ाई का सिपाही बनता है। वह चंदन की आर्थिक मदद भी करता है। उसे पढ़ाई के लिए भी प्रेरित करता है और कहता है–"पढ़ो बेटा पढ़ो पूरी मेहनत से पढ़ो! मन लगाकर पढ़ो ऊँची तामील पाओ और बड़े ओहदे तक पहुँचो।"[12] हरिया सहयोगी, परिश्रमी और प्रेरणादायी पात्र के रूप में चंदन की सहायता करता है। चंदन की सामाजिक कार्यशैली ने दलित मजदूरों में भी कैसे जान भर दी है, इसका सबूत हमें हरिया के माध्यम से मिलता है।

शहर में भी गरीब लोग अशिक्षा एवं अज्ञान के कारण अंधश्रद्धा की शिकार हुई है। बारिश न होने से अकाल और महामारी से लोग परेशान है। इस से बचने के लिए संत नगर में यज्ञ-अनुष्ठान का आयोजन किया जाता है। क्योंकि लोगों की धारणा है कि आकाश के इंद्र देव रूष्ट हुए हैं। इस गलत धारणा के कारण यज्ञ-अनुष्ठान के आयोजन हेतु चंदा इकट्ठा करते हुए लोग चंदन तक पहुँचते हैं। चंदन इसका विरोध करते हुए इन लोगों के अज्ञान तथा अंधविश्वास को दूर करने हेतु कहता है–"यह मान्यता गलत है कि यज्ञ करने से भगवान इन्द्र प्रसन्न होंगे और तब वर्षा होगी। वर्षा होगी मानसून के आने से।"[13] ...–"देवी-देवताओं की पूजा-अर्चना तथा उनके लिए यज्ञ और हवन आदि अनुष्ठानों की परंपरा के पीछे एक ही उद्देश्य रहा है और वह है समाज को दिव्य-शक्तियों से भयभीत रखकर धर्म विशेष को जीवित रखना।"[14] चंदन लोगों को समझाता है कि आप लोगों का यह शोषण और आर्थिक अभाव जिसे आप नियति समझ बैठे हैं वह आपकी धारणा गलत है। इसके पीछे का कारण आप का अज्ञान है। समाज में आप को समानता का दर्जा नहीं है। आपकी कोई हैसियत नही हैं क्योंकि समाज वर्णाश्रम आदेशों द्वारा प्रेरित और संचालित है।

वर्णाश्रम समाज व्यवस्था में दलितों के शोषण को बढ़ावा दिया है। हमारी

सामाजिक स्थिति हिंदू धर्म के आदेशों पर आधारित तय की गई है। हिंदू धर्मग्रँथ भी हमारे शोषण के साधन बनाए गए हैं। इन सब बातों को जानने के लिए शिक्षित होना जरूरी है–"भारतीय समाज की यह एक त्रासदी है कि किसी भी आपदा के समय उससे निपटने के उपाय खोजने की बजाए देवी-देवताओं की पूजा-अर्चना की जाती है, तरह-तरह के अनुष्ठान किए जाते हैं।....पत्थर के इन देवी-देवताओं या भगवानों की पूजा-अर्चना करने से या उनको भेंट चढ़ाने से कुछ भी होने वाला नहीं है।"[15] इस से चंदन की नास्तिकता के साथ-साथ लोगों के बीच स्थित अंधविश्वासों की प्रवृत्ति पर कठोरा घात करने की प्रवृत्ति स्पष्ट होती है।–"ब्राह्मण भूखा मर ही नहीं सकता। व्यक्ति के जन्म से लेकर मृत्यु तक किसी न किसी रूप में ब्राह्मण उससे टैक्स वसूल करता है। चाहे कितना भी अशिक्षित, अयोग्य और अक्षम क्यों न हो, लेकिन एक ब्राह्मण, पण्डित, पुरोहिताई करके सुख और सम्मान से जी सकता है।"[16]

लेखक ने वर्णाश्रम समाज में दलितों की दयनीय स्थिति को अभिव्यक्त करते हुए उसमें बदलाव की आवश्यकता पर बल दिया है। चंदन उन्हें समझाता है कि ऐसे यज्ञ-अनुष्ठानों पर किया गया खर्च जीवन-सुधार के लिए किया जाए। आपके बच्चों का भविष्य बनाने के लिए स्कूल खोले जाए। महिलाओं को सिलाई-बुनाई का प्रशिक्षण दिया जाए। चंदन सृष्टि में मनुष्य की सत्ता को सर्वोपरि मानता है। उन्हें समझाता है कि प्राचीन काल में धर्म गुरु तथा पंडित लोग दलित समाज को दिव्य शक्तियों से भयभीत रखकर धर्म के नाम पर शोषण करते आ रहे हैं। वे लोग अपनी जीविका चलाने के लिए अज्ञानी लोगों को अपने शोषण का शिकार बनाते है। तुम लोग ईश्वर को मानते हो, उसकी पूजा आराधना करते हो, फिर भी वह तुम लोगों पर होने वाले अन्याय, अत्याचार, शोषण, अपमान को कैसे देखता रहता है। चंदन लोगों से कहता है–"दुनिया में आत्मा, परमात्मा, ईश्वर, ब्रह्म, भगवान या इस तरह की किसी सत्ता का कोई अस्तित्व नहीं है। मनुष्य सबसे बड़ी सत्ता है, दुनिया में मनुष्य से बड़ी कोई चीज नहीं है। आत्मा, परमात्मा, ईश्वर, ब्रह्म और भगवान, इसमें से कोई भी वास्तविक नहीं है। ये सब मिथक हैं, काल्पनिक हैं तथा भोले-भाले लोगों को बेवकूफ बनाकर अपने स्वार्थ सिद्ध करने के उद्देश्य से चालाक लोगों द्वारा ईजाद किए गए हैं।"[17] चंदन दलितों में स्थित अंधश्रद्धा को वैज्ञानिक कसौटी पर परखकर उनमें वैचारिक जागृति लाने की कोशिश करता है। वह दलित समाज परिवर्तन की मुहिम संत नगर के जे.जे. कालोनी से शुरू करते हुए कहता है–"समाज, धर्म द्वारा प्रेरित और संचालित है, हमारी सामाजिक स्थिति धार्मिक आदेशों का ही परिणाम है। धर्म-ग्रँथ ही हमारे शोषण और अत्याचार की जड़े हैं। इन जड़ों को उखाड़ फेंकने की जरूरत है।"[18] चंदन सामाजिक विषमता के प्रति क्रांतिकारी विचारधारा जरूर रखता है परंतु इसमें हिंसात्मक संघर्ष को स्थान नहीं देना चाहता है।

चंदन अपनी पढ़ाई-लिखाई के दौरान अपने कॉलेज के दलित युवाओं को संगठित करता है। उन्हें सामाजिक दायित्वों की जिम्मेदारी का एहसास दिलाकर जीवन में शिक्षा के बल पर दलित समाज के अन्याय, शोषण और उपेक्षा के विरुद्ध प्रबल संघर्ष करने के लिए प्रेरित करता है। वह अपने शिक्षित दलित मित्रों से कहता है–"हमारा कर्तव्य बनता है कि हम चाहे जिस क्षेत्र में जाए लेकिन अपने लोगों का ध्यान रखें, उनकी मदद करें।"[19]

दलितों को अपनी शिक्षा का उपयोग दलित समाज की हीन-दीन दशा के उत्थान तथा विकास हेतु करना चाहिए। छप्पर का नायक इसी बात पर बल देते हुए कहता है–"मैं उन पीड़ित, शोषित और उपेक्षित लोगों को ऊपर उठाने के लिए काम करूँगा जो कीड़े-मकोड़ों की तरह जीते हैं। शेष समाज जिनके साथ पशुवत व्यवहार करता है, उनको पास नहीं बिठाता और उन से घृणा करता है। पीढ़ी-दर-पीढ़ी के कर्ज ने जिनकी कमर तोड़ दी है और कर्ज को चुकाने के लिए जो बंधुआ बनकर जीने को विवश होते है, ठाकुर जमींदारों की मार सहते हैं, हर तरह के अन्याय, शोषण और उत्पीड़न के शिकार होते हैं उन लोगों को शिक्षित करूँगा।"[20] दलित समाज के प्रति चंदन की प्रतिबद्धता एकदम साफ दिखाई देती है।

एक दलित जब शिक्षा के लिए शहर चला जाता है तब लोगों की प्रतिक्रिया काफी दिलचस्प सुनाई देती है–"ब्राह्मण और ठाकुरों से लेकर लाला-साहूकार तक सब हैं इस गाँव में और बड़े-बड़े पैसे और हैसियत वाले, पर आज तक किसी का बेटा शहर पढ़ने नहीं गया। लेकिन सुक्खा चमार का बेटा पढ़ने शहर चला गया। नाक कट गई सबकी। सबके सिर पर मूत दिया एक चमार ने।"[21] दलितों का गांव छोड़ना और शिक्षा के लिए शहर की निकलना तथाकथित सवर्णों के खिलाफ किसी विद्रोह से कम नहीं है।

चंदन पढ़ा-लिखा युवक है। वह सोचता है–"सदियों से अज्ञान और पिछड़ेपन की गर्त में पड़ा रहा है हमारा समाज। मेरा प्रयास है कि समाज से यह अज्ञान और पिछड़ापन दूर हो तथा निराशा और अंधकार के साए में जी रहे समाज में आशा और विश्वास पैदा हो। यदि मेरे प्रयास से मेरे पददलित समाज का कुछ भला हो सका तो मैं स्वयं को धन्य समझूँगा और इसके लिए खुशी-खुशी अपना सब कुछ त्यागने को तैयार हूँ मैं।"[22] शिक्षा व्यक्ति की बौद्धिक योग्यता को बढ़ावा देती है। समाज में सामाजिक सुधार के कार्य शिक्षित लोगों द्वारा ही हुए है।

छप्पर उपन्यास का नायक एक दलित मजदूर किसान की संतान है। चंदन उच्च शिक्षित युवक है, जो सामाजिक विषमता की पीड़ा से त्रस्त है। वह अपने शिक्षित मित्रों से कहता है–"हमें इस बात को भी ध्यान में रखना चाहिए कि हमारी

शिक्षा की सार्थकता और हमारे जीवन का श्रेय इस बात में है कि हमें अपने साथ-साथ अपने समाज के उत्थान और विकास की ओर भी ध्यान देना चाहिए। सदियों से दासता और गुलामी की जंजीरों में जकड़ा रहा है हमारा समाज। खाली पेट, नंगे तन और टूटे-फूटे छान झोपड़ों में बसर करने की विवशता यही रहा है सैकड़ों-हजारों वर्षों से हमारे समाज का यथार्थ हम लोग पढ़-लिख गए हैं लेकिन हमारा समाज, हमारे नाते-रिश्तेदार सब के सब अभी भी उसी स्थिति में हैं उन सबकी निगाहें हमारी ओर है। यदि उनके उत्थान की ओर हम ही ध्यान नहीं देंगे तो कौन देगा।"[23] चंदन उच्च शिक्षित है, वह अपने ज्ञान का उपयोग दलित समाज के उद्धार के लिए करता है। वह बाबा साहेब डॉ. आंबेडकर की विचारधारा से प्रभावित होकर दलितों का सामाजिक, आर्थिक, राजनैतिक और शैक्षणिक उत्थान चाहता है। चंदन अपने दलित समाज की व्यथा-कथा को निराशा और अंधकार के साए से निकालकर उन में आशा तथा विश्वास पैदा करने का अथक प्रयास करता है। इसके लिए वह त्याग तथा समर्पण भी स्वीकारता है। आज चंदन जैसे उच्च शिक्षित दलित अनेक हैं जो सामाजिक विषमता की आग में झुलस रहे हैं।

चंदन वर्णाश्रम व्यवस्था तथा सत्ता के विरुद्ध संघर्ष करके दलित समाज को सत्ता में भी लाने के लिए कोशिश करता है। वह सार्थक संघर्ष करने के लिए शिक्षा एवं संगठन की ताकत को महत्त्वपूर्ण मानता है। चंदन दलितों के बच्चों को पढ़ाकर शिक्षित बनाने के लिए स्वयं का स्कूल निकालता है। अज्ञान लोगों के जीवन में शिक्षा की महत्ता को उजागर करते हुए कहता है–"जीवन की लड़ाईयों को लड़ने के लिए शिक्षा सब से ज्यादा मारक और शक्तिशाली शस्त्र है। शिक्षा ही उत्थान और विकास का आधार है।"[24]

IV

तथाकथित सवर्ण समाज केवल दलितों का आर्थिक और मानसिक शोषण ही नहीं करता है, बल्कि दलित औरतों की इज्जत भी लूटने में हिचकिचाता नहीं है। इसके खिलाफ आवाज उठाने वालों की आवाजों को दबाता है। कमला एक दलित लड़की इस पीड़ा का शिकार बनी हुई है। कमला बलात्कार के पश्चात भी जीवित रह कर उस पर हुए अन्याय के प्रतिशोध हेतु चंदन के दलित आंदोलन में सम्मिलित होती है। एक दिन चंदन जन सभा को संबोधित करके मंच से उतर रहा था कि अचानक समाज विरोधी और दूषित मानसिकता वाले व्यक्ति ने उसे जान से मारने के उद्देश्य से सिर पर लाठी से प्रहार किया। चंदन के सिर पर लाठी को पड़ते देख कमला ने चीते की तरह एक ही झटके से उसे धक्का देकर हटा दिया। चंदन तो बच गया लेकिन

लाठी सीधी कमला के सिर पर आकर पड़ी और कमा ढेर हो चुकी। हमलावर को तुरंत पकड़कर पुलिस के हवाले कर दिया गया। समाज के सभी वर्गों के लोगों ने इस घटना की निंदा की। कमला विद्रोही, त्यागी, परिश्रमी, प्रेरणादायी तथा सामाजिक दायित्वबोध से तत्पर लड़की है जो अन्याय, अत्याचार के खिलाफ संघर्ष करती हुई अपना जीवन समाज के लिए समर्पित करती है। एक दलित लड़की की चेतना के उभार में चंदन की कार्य पद्धति बड़ा योगदान निभाती है। चंदन दलित लड़कियों को शोषण के खिलाफ विद्रोह करने के लिए प्रेरित करता है–"आप हिम्मत से काम ले कमला जी। इन अत्याचारियों का नाश जरूर होगा एक दिन! मैं आपके साथ हूँ। कभी भी कोई परेशानी हो मुझ से कहिएगा। मेरा पूरा सहयोग मिलेगा आपको।"[25] चंदन इन दलितों की प्रेरणा बनता है। उनमें वैचारिक जागृति लाता है। उनमें आत्मविश्वास पैदा करने का प्रयास करता है।

चंदन ने समाज कार्य के साथ अभाव और कष्टों को पार करते-करते एम.ए. की परीक्षा उत्तीर्ण की और पीएच.डी. के लिए पंजीकरण कराया किन्तु आर्थिक अभावों के कारण उसके पढ़ाई में बाधा निर्माण होने की संभावना आती है। हरिया जो चंदन के हर संघर्ष का साथी है, अपनी आदतों का त्याग करके स्वयं की कमाई से चंदन की मदद करता है। इस मदद के कारण चंदन पुनश्च पढ़ाई में जुड़कर सामाजिक कार्यों में लगा रहता है।

एक दिन हरिया अपने जीवन की व्यथा चंदन को बताता है। हरिया के मालिक ने और पुलिस ने उस पर अन्याय किया था। उसके बेटी को न्याय नहीं मिला था। हरिया मालिक का खून करता है। उसे जेल होती है किन्तु उसके खिलाफ कोई ठोस सबूत अदालत को न मिलने के कारण वह जल्दी ही छूट जाता है। पिता को जेल होते ही कमला गाँव छोड़कर भागी थी। इसी तरह की कहानी चंदन ने कमला से सुनी थी। चंदन कमला को उसके पिता हरिया से मिलाता है। जीवन की क्रूर यंत्रणाओं के शिकार बने और अपनी त्रासदी को झेलकर वर्षों बाद मिले बाप और बेटी एक-दूसरे से लिपटकर खूब रोते हैं। उन्हें देखकर चंदन को सुख और संतोष का अनुभव होता है। हरिया उसी दिन कमला और उसके बेटे को घर ले आता है। चंदन को एक ओर खुशी होती है तो दूसरी ओर से वह यह भी सोचता है कि अब उसे रहने के लिए दूसरी जगह ढूंढनी पड़ेगी।

चंदन ऐसी किसी भी संभावना को जन्म देना नहीं चाहता कि भविष्य में समाज हरिया की बेटी को लेकर कुछ मिथ्या और अशोभनीय अफवाहें फैलाए। लेकिन कमला की श्रद्धा चंदन बाबू के प्रति साक्षात देवता के समान है। उनके चरणों की धूली भी उसे पूजनीय है। चंदन स्वयं से ज्यादा दूसरों की इज्जत की चिंता करते

हुए कहत है कि अब तो आप और कमला के लिए ही घर में जगह कम पड़ेगी। किन्तु हरिया चंदन से कहता है–"जगह तो दिल के अंदर होनी चाहिए बेटा। यदि दिल में जगह हो तो घर में जगह की क्या कमी?"[26] यह हरिया के दिल की उदारता का परिचय है। वह चंदन को अपने बेटे की तरह अपनत्व की भावना से पुनश्च घर में रहने के लिए आग्रह करता है। जिस से चंदन अपने उद्देश्य में दिन-ब-दिन सफलता की ओर बढ़ता रहता है। समाज में जो लोग स्वयं शिक्षित हुए है वे दूसरों को पढ़ाना-लिखाना शुरू करते हैं। धीरे-धीरे अशिक्षा और अज्ञान के साए में जीने वाले दलितों में शिक्षा का प्रसार-प्रसार शुरू होता है।

दलित समाज गरीब है। इसलिए बच्चों की पढ़ाई का खर्च पूरा करने के लिए चंदन उन्हें सलाह देता है–"जो लोग बीड़ी-सिगरेट या पान-तंबाकू आदि पीते-खाते हैं वे उसका त्याग कर दें। जो लोग फिल्म-तमाशे आदि देखने के शौकीन हैं वे उनको देखना बंद कर दें और जो लोग चाट-पकौड़ी आदि खाते-पीते हैं वे उनको छोड़ दें। आप में से बहुत से लोग कभी-कभी मांस खाते होंगे। अन्य सब्जियों की तुलना में मांस बहुत महँगी सब्जी है, इसलिए मांस खाना छोड़ा जा सकता है।"[27] शिक्षा के प्रचार-प्रसार से दलित लोगों की सोच में व्यापकता फैलती है। हमेशा रोटी की चिंता में रहने वाले लोगों के चिंतन में बदलाव आता है। शोषण, अन्याय और अत्याचार का उन्मूलन के बारे में वे सोचने लगते हैं। परिणामस्वरूप दलित समाज में मानवतावादी मूल्य, समता, स्वतंत्रता, बंधुता और सामाजिक न्याय इन विचारों की चेतना जोर पकड़ने लगती है। धीरे-धीरे चंदन का स्कूल दलित, शोषित लोगों के लिए सामाजिक गतिविधियों का केंद्र बनता है। चंदन का सामाजिक बदलाव का यह जन आंदोलन शहर की गली से लेकर गाँव-गाँव में फैल जाता है। लोग इस आंदोलन में हिस्सा लेकर स्वतंत्रता की सांस लेने के लिए आतुर होते हैं। शिक्षा के माध्यम से दलितों में चेतना जागृति करने का काम चंदन करना चाहता है।

चंदन का दलित जन-जागृती आंदोलन व्यापक रूप धारण करता है। इसे सुनियोजित करने के लिए चंदन दिन-रात कोशिश करता है। वह आराम यह शब्द अपने जीवन से निकालता है। हरिया चंदन को आराम की बात कहता है तो चंदन कहता है–"हमारा समाज न केवल सोया हुआ है, बल्कि वह जंजीरों में जकड़ा हुआ भी है। शोषण और अत्याचार की मार से पीड़ित और जर्जर यह समाज कहीं हमेशा के लिए सोता ही न रह जाए इसलिए उसे जगाना जरूरी है। सोए हुए समाज को जगाने के लिए तथा जागने तक उसकी रक्षा और पहरेदारी करने के लिए किसी न किसी को तो अपनी नींद और आराम का त्याग करना ही पडेगा ना।"[28] चंदन की इन बातों में समाज हित के लिए उभरे हुए दर्द को सुनकर हरिया की आँखों में आँसू आते

हैं वह कहता है–"तुम सचमुच चंदन हो अपने कुल-खानदान के भी और समाज के भी। तुमने अपनी खुशबू से इस समाज को महका दिया है।"[29] चंदन स्वयं घीस जाता है और दूसरे के दर्द को शितलता देता है। चंदन नाम की इसी में सार्थकता रही है।

चंदन की सामाजिक क्रांति की विचारधारा सामाजिक परिवेश को बदलने में कामयाब होती है। भ्रम और भय के शिकार बने दलित लोग यथार्थ को जानना शुरू कर देते हैं। जन्म के आधार पर व्यक्ति को श्रेष्ठ या कनिष्ठ मानने की भावना का लोप होकर गुण-कर्म तथा योग्यता के आधार पर ही मनुष्य की श्रेष्ठता को माना जाने लगा। चंदन के अथक परिश्रमों तथा प्रामाणिक प्रयासों का यह सुखद परिणाम था। चंदन के इस सामाजिक जागृति के परिणामस्वरूप दलित समाज में चेतना जागृति करने के उपरांत धार्मिक और सामाजिक अनुष्ठानों के जरिए शोषण करने वाले पंडे-पुरोहित के परंपरागत व्यवसाय को झटका लगता है। उसके क्रांतिकारी विचारों से प्रभावित होकर दलित लोगों ने सवर्णों की सामाजिक श्रेष्ठता को नकारते हुए पूँजीवादी और सामंतवादियों का भी खुलकर विरोध करना शुरू कर दिया।

V

आज़ादी के बाद भी गाँवों में सेठ-साहुकारों द्वारा गरीब मजदूर किसानों का निरंतर शोषण होता जा रहा है। सन् 1975 में आपात्कालीन परिस्थिति की घोषणा के बाद तत्कालीन प्रधानमंत्री श्रीमती इंदिरा गाँधी ने साहुकारी प्रथा को कानून से बंद कर दिया फिर भी आज कानून के बावजूद भी साहुकारी बढ़ती जा रही है। सेठ-साहुकारों द्वारा गरीब जनता का शोषण होता जा रहा है। इसी शोषण को रोकने की कोशिश छप्पर उपन्यास का नायक चंदन करता है। वह दलितों को सेठ-साहुकारों के सूद की निर्मम मार से बचाने के हेतु गाँव में सहकारी समिति की स्थापना करता है। इससे दलित मजदूर लोग आत्मनिर्भर बनकर अपनी आर्थिक कठिनाइयों में मदद लेते हैं। गाँव में पैसा कमाने वाले साहुकार लोगों का धंदा बंद होता है। चंदन मजदूर लोगों को उनके श्रम के मूल्य से भी अवगत कराता है। जिससे मजदूर लोग जमींदारों से अपने मजदूरी के उचित मूल्य की माँग करते हैं। किन्तु जमींदारों द्वारा उचित मजदूरी नकारते ही ये मजदूर लोग गाँव छोड़कर शहर के कारखानों में काम हेतु निकलते हैं।

चंदन को सामाजिक आंदोलन में रजनी का साथ और सहयोग मिलता है। रजनी शिक्षित और आधुनिक विचारधारा की युवती है। वह समता, स्वतंत्रता, भाईचारा और सामाजिक न्याय इन मानवतावादी मूल्यों की पक्षधर है। वह चंदन की सहपाठी मित्र थी। चंदन के लिए उसके मन में सहानुभूति है इसलिए वह चंदन को

हर समय सहयोग देने की कोशिश करती है। चंदन को उच्च शिक्षा तथा सामाजिक कार्यों के लिए प्रेरणा देती है। वह चंदन के माता-पिता की देखभाल करती है। दलित और शोषित समाज के साथ सहानुभूतिशील व्यवहार करती है। उसके पिता ठाकुर हरनाम सिंह चंदन की पढ़ाई में बाधा निर्माण करते है क्योंकि–"यदि ये सब लोग पढ़ा-लिखकर ऊँचे ओहदे तक पहुँचने लगेंगे तो हमारी श्रेष्ठता कहाँ रह जाएगी। यदि ये सब स्वावलंबन और स्वाभिमान का जीवन जीने लगेंगे तो फिर हमारा वर्चस्व किस पर रहेगा।"[30]–"यदि सब चमार-चूहड़े पढ़-लिख जाए और सब के सब बाहर जाकर नौकरी करने लगेंगे, तो कल को हमारे खेतों और घरों में कौन काम करेगा?"[31] ठाकुर अपनी जाति की अस्मिता को बनाए रखने के लिए दलित समाज का शोषण करता है। वह सोचता है कि हमारी अपनी जाति श्रेष्ठता अबाधित रहे क्योंकि हमारा अस्तित्व इसी में है। ठाकुर साहब ने सुक्खा के साथ जो सलूक किया उसके प्रति रजनी के मन में क्षोभ और आक्रोश है इसीलिए वह अपने पिता को समझाने का प्रयास करते हुए कहती है–"संविधान के अनुसार देश के प्रत्येक नागरिक को सम्मान और स्वाभिमानपूर्वक जीने का हक है। प्रत्येक व्यक्ति को अपनी स्वेच्छानुसार व्यवस्था चुनने और जीवन की दिशा निर्धारित करने की स्वतंत्रता है। यदि चंदन पढ़-लिखकर काबिल बनना चाहता है, तो यह उसका संवैधानिक हक है इस पर किसी को एतराज क्यों होना चाहिए।"[32] सवर्णों की शिक्षित पीढ़ी जातिवाद की अपनी पुरानी ऐंठन छोड़कर सामाजिक न्याय की बातें सोच रही है। जमींदार ठाकुर की बेटी रजनी इस बात का प्रमाण है।

रजनी अपने पिता की शोषक वृत्ति तथा स्वार्थी प्रवृत्ति की विचारधारा में परिवर्तन लाने का प्रयास करती है। उन्हें समझाती है कि समाज में बदलाव आ रहा है, जिन लोगों का आपने शोषण किया है, ये लोग एक-न-एक दिन जागृत होकर अपनी गुलामी के जंजीरों को तोड़ फेंकेंगे और आपने उनके साथ जो व्यवहार किया है कल वे लोग आपके साथ तथा अपने आने वाली अगली पीढ़ी से न करें। आप अपने विचारों में बदलाव लाकर उन्हें भी मानव की तरह जीने दो। वे भी हमारी तरह जीव है। रजनी के इन मानवता और समतावादी विचारों से ठाकुर हरनाम सिंह प्रभावित होते हैं। परिणामस्वरूप वे अपनी बेटी रजनी की बातों में आकर भयावह भविष्य की कल्पना करके स्वयं में परिवर्तन करते हैं। उन्हें अपने किए पर घृणा और ग्लानी होने लगती है। वे इस घुटन भरी जिंदगी से छुटकारा पाने के लिए खुदखुशी करने का प्रयास भी करते हैं किन्तु सुक्खा उन्हें बचाकर अपने गले लगाकर उनको ढ़ाढस बंधाता है। ठाकुर साहब सोचते हैं कि सुक्खा इतना अन्याय सहने के पश्चात भी मुझसे सहृदयता का व्यवहार करता है। उन्हें सुक्खा के समक्ष अपना समस्त

अस्तित्व बौना लगता है। यहाँ परंपरा से जमींदारों का अन्याय, अत्याचर बर्दाश्त करने वाला सुक्खा को लेखक ने बौद्ध विचारों का वाहक बनाया है।

ठाकुर हरनाम सिंह अगले ही दिन गाँव में पंचायत बुलाकर अपने गुजारे लायक थोड़ी सी जमीन रखकर गाँव के सभी गरीब और खेतीहीन लोगों को बांट देते है और कुछ ही दिनों में अपनी हवेली को त्यागकर एक छोटे से मकान में रहने लगते है। वे अपनी खेती का काम खुद करते है। गाँव के सभी लोगों के साथ भाईचारे का नाता जोड़कर सामान्य जीवन बिताने लगते हैं।

कमला की मृत्यु के पश्चात रजनी चंदन से कहती है–"समानता और सामाजिक न्याय की ज्योति तुमने जलाई है जिसका दूर-दूर तक आलोक पहुँचा है। दलित समाज के जीवन में परिवर्तन का प्रकाश फैल गया है। हालाँकि सदियों से चली आ रही व्यवस्था को एक दिन में महीने में साल में बदला नहीं जा सकता। संपूर्ण बदलाव के लिए काफी समय की आवश्यकता है। तुम्हारे अथक परिश्रमों के प्रयासों से बदलाव की प्रक्रिया शुरू हुई है और दिन-प्रतिदिन यह प्रक्रिया तेज होती जा रही है और समाज में अपने उत्थान और विकास के प्रति चेतना आ रही है। समाज के दूसरे तबकों के लोग भी यह बात अच्छी तरह समझ चुके हैं कि दलितों को समानता और भाईचारे का दर्जा देने के अलावा और कोई विकल्प नहीं है। .....यहाँ तुम अपने दायित्वों को अंजाम दे चुकें हो चंदन, और तुम्हारी पढ़ाई भी पूरी हो गई है।....अब तुम्हें अपने माता-पिता तथा स्वयं की ओर ध्यान देना चाहिए और अब मातापुर चलो।....उस समय कमला के बच्चे का प्रश्न उन दोनों के समक्ष उभरता है। रजनी कहती है कि कमला के बच्चे को भी अपने साथ ले चलेंगे हम। पिता का प्यार तुम देना और माँ का प्यार मैं दूँगी उसे। अनाथ नहीं रहेगा वह।"[33] दोनों एक दूसरे की भावना को समझ गए थे। लेखक ने यहाँ सवर्ण-दलितों को भावना के स्तर पर एक लाने का प्रभावी काम किया है।

आज अन्याय, अत्याचार, शोषण और सामाजिक न्याय हेतु अनेक आंदोलनों का निर्माण होता जा रहा हैं क्योंकि लोकतांत्रिक भारत में अपने अधिकारों की माँगों के लिए आंदोलन एक प्रभावी अस्त्र है इसीलिए आंदोलनों का विविधमुखी विस्तार होता जा रहा है। ये आंदोलन समाजाभिमुख बनकर सरकारी प्रशासन को हिलाने का काम भी करते है। चंदन इसी आंदोलन का सहारा लेकर सामाजिक न्याय की माँग करता है। उसके आंदोलन के कई उद्देश्य है जैसे सामाजिक समता, आर्थिक आत्मनिर्भरता, महिला शिक्षा तथा उत्थान और सांस्कृतिक पुनरूत्थान आदि। चंदन के आंदोलन की हवा उसके गाँव तक पहुँचती है, जिससे मातापुर गाँव के ठाकुर हरनाम सिंह, काणा पंडित, लाला दुर्गादास आदि में परिवर्तनवादी विचारधारा की जड़े जमने लगती हैं। वह

जब मातापुर गाँव में आता है तब उसे यह अनुभव होता है कि गाँव के सामाजिक परिवेश में बदलाव आकर सभी लोग भाईचारे से एक-दूसरे के साथ व्यवहार कर रहे हैं। ठाकुर साहब की बेटी रजनी जिसकी हर इच्छा और सुख के लिए ठाकुर सदैव सब कुछ करने के लिए तत्पर रहते थे, वह भी उनके शोषक वृत्ति की उपेक्षा कर रही थी। इससे वे दुखी होकर बदलने का विचार करने लगते हैं।

VI

मातापुर के सामाजिक बदलाव को देखकर ठाकुर साहब सोचते हैं कि जिन लोगों का उन्होंने शोषण किया है, जिनको दबाया, कुचला दिया है उनके समर्थ होने पर वे लोग जरूर उनकी घृणा करेंगे और अपने साथ हुए अन्याय और अपमान का बदला लेंगे। किन्तु उन्हें यह देखकर आश्चर्य हुआ कि किसी ने भी उनके साथ ऐसा व्यवहार नहीं किया यहाँ लेखक ने बौद्ध धम्म की विचारधारा को अपनाकर दुश्मन को दोस्त मानकर उनके दुष्ट विचारों में परिवर्तन लाने की कोशिश की है। शुरू में जरूर कुछ लोग ठाकुर हरनाम सिंह के प्रति उपेक्षा का भाव जताते हैं किन्तु जब चंदन गाँव के दलित समाज के लोगों से कहता है–"हम व्यवस्था के विरोधी हैं, व्यक्ति के नहीं।"[34] चंदन के इन विचारों को आत्मसात कर लोग ठाकुर हरनाम सिंह के साथ सद्भावपूर्ण व्यवहार करने लगते हैं। दलित जन-जागृति में चंदन व्यवस्था का विरोध करता है, व्यक्ति का नहीं।

संक्षेप में, छप्पर उपन्यास का नायक चंदन सामाजिक क्रांति का प्रतीक बनता है। वह गाँव और शहर में घूमकर समाज में स्थित अन्याय और असमानता को मिटाकर सवर्ण-दलित, छूत-अछूत, अमीर-गरीब और मालिक-मजदूर सब को एक समान धरातल पर लाने तथा समाज में खुशहाली और भाईचारा बढ़ाने के कार्य में सफल होता है। चंदन दलित समाज के अज्ञान और पिछड़ेपन को दूर करके निराशा और अंधकार के साए में जी रहे समाज में आशा, आत्मविश्वास और स्वाभिमान जागृत करता है। वह दलित समाज को बाबा साहेब डॉ. आंबेडकर के संविधान द्वारा प्राप्त मौलिक अधिकारों के प्रति जागरूक करता है। शिक्षित और अशिक्षित दलितों में वैचारिक जागृति के साथ-साथ सामाजिक समता की क्रांति के बीज बोता है।

संदर्भ संकेत

1. छप्पर–जयप्रकाश कर्दम, सम्यक प्रकाशन, 32/3, पश्चिमपुरी, नयी दिल्ली-110 063, प्रथम संस्करण-2014, पृ. 7
2. वही, पृ. 11

3. वही, पृ. 36
4. वही, पृ. 37
5. वही, पृ. 37
6. वही, पृ. 38-39
7. वही, पृ. 39
8. वही, पृ. 35
9. वही, पृ. 92
10. वही, पृ. 110
11. वही, पृ. 78
12. वही, पृ. 26
13. वही, पृ. 18
14. वही, पृ. 19
15. वही, पृ. 19
16. वही, पृ. 34
17. वही, पृ. 18-19
18. वही, पृ. 45
19. वही, पृ. 43
20. वही, पृ. 44
21. वही, पृ. 34
22. वही, पृ. 88
23. वही, पृ. 42-43
24. वही, पृ. 45
25. वही, पृ. [illegible]
26. वही, पृ. 84
27. वही, पृ. 46
28. वही, पृ. 86-87
29. वही, पृ. 88
30. वही, पृ. 75
31 वही, पृ. 73
32. वही, पृ. 73
33. वही, पृ. 134-35
34 वही, पृ. 123

अध्याय-4

छप्पर उपन्यास में दलित और गैर-दलित स्त्री

दलित साहित्य का आंदोलन शुरू से ही अछूत समाज के मानवीय अधिकारों के लिए प्रतिबद्ध रहा है। दलित साहित्य ने वर्णाश्रम संस्कृति का विरोध किया गया है और मनुष्य मनुष्य के बीच मानवीय संबंधों को बढ़ावा दिया गया है। वर्णाश्रम व्यवस्था ने स्त्री शोषण को हिंदुत्व की आड़ में समर्थन दिया है। अखिल भारतीय दलित वर्ग महिला सम्मेलन, जुलाई, 1942 नागपुर में संबोधित करते हुए बाबा साहेब डॉ. आंबेडकर ने कहा है–"महिलाओं के संगठन में मेरा अत्याधिक विश्वास है। मैं जानता हूँ कि यदि वे आश्वस्त हो जाएँ, तो समाज को सुधारने के लिए क्या कर सकती हैं? सामाजिक बुराइयों को समाप्त करने में उन्होंने महत्त्वपूर्ण सेवाएँ दी हैं। इसका प्रमाण मैं अपने अनुभव के आधार पर दूँ। जब से मैंने दलित वर्गों के बीच काम करना आरंभ किया, मैंने पुरुषों के साथ महिलाओं को ले जाने का एक नियम सा बना लिया था। इसीलिए आप देखेंगे कि हमारे सम्मेलन सदा मिले-जुले सम्मेलन होते हैं। मैं किसी समुदाय की प्रगति को इस पैमाने पर देखता हूँ कि उसकी महिलाओं ने कितनी प्रगति की हैं और जब मैं इस सभा को देखता हूँ तो प्रसन्न भी होता हूँ और आश्वस्त भी कि हमने प्रगति की है। मैं आप को कुछ बातें बताऊँगा जो मैं सोचता हूँ आप को अपने दिमाग में रखनी चाहिए।

स्वच्छ रहना सीखिए, सभी बुराइयों से बचकर रहिये। अपने बच्चों को शिक्षित कीजिए। उन्हें महत्त्वाकांक्षी बनाइए। उनके दिमाग में यह बात डालिए कि महान बनना उनकी नियति है। उनके अंदर से हीनता की भावना को निकाल फेंकिए। विवाह करने में जल्दबाजी मत कीजिए-विवाह एक बोझ है। आप को अपने बच्चों पर विवाह तब तक नहीं थोपना चाहिए, जब तक वे आर्थिक दृष्टि से विवाह के बाद पड़ने वाले बोझों को उठाने में समर्थ न हो जाएँ। जो लोग विवाह करेंगे, वे यह बात दिमाग में रखेंगे कि बहुत अधिक बच्चे पैदा करना अपराध है, माता-पिता का कर्त्तव्य इस बात में निहित है कि वे प्रत्येक बच्चे की अपने से बेहतर शुरुआत दें। सब से बड़ी बात, विवाह करने वाली प्रत्येक लड़की अपने पति के सामने खड़ी हो, अपने पति की मित्र और बराबरी की साथी होने का दावा करे और उसकी दासी बनने से इंकार करे। मुझे

विश्वास हे कि अगर आप इस सलाह को मानेंगी तो आप भी सम्मानित और महिमामंडित होंगी और दलित वर्ग भी।"[1]

बाबा साहेब डॉ. आंबेडकर के विचारों में स्त्री को सम्मान तो था ही इसके बावजूद स्त्री के अधिकारों को लेकर जागरूकता भी दिखाई देती है। समाज के विकास में स्त्रियों की भूमिका पुरुषों के बराबर रही है। इसके बावजूद स्त्री की उपेक्षा और अवमानना क्यों? यह सवाल बाबा साहेब डॉ. आंबेडकर के सामाजिक चिंतन में निरंतर दिखाई देता है। स्त्रियों की समाज और अपने घर-परिवार के प्रति क्या जिम्मेदारियाँ हैं? इन बातों को भी उन्होंने समझाया है।

समाज में स्त्री और पुरुष का समान महत्त्व होने के बावजूद इन दोनों के बीच भेदभाव की स्थितियाँ क्यों दिखाई देता है, क्योकि इन भेदभाव की स्थितियों के पीछे हिंदू धर्म की आचार-संहिता काम कर रही है। सदियों से समाज में धर्म और ईश्वर के नाम पर स्त्री शोषण को निरंतर बढ़ावा मिलता रहा है। भारत समाज में स्त्री जीवन के संदर्भ में राजेन्द्र यादव लिखते हैं–"सामंती समाज ने स्त्री को सिर्फ तीन नाम दिये हैं : पत्नी, रखैल और वेश्या। इस के अलावा वह किसी चौथे संबंध को स्वीकार ही नहीं करता है। जब औरत को वह संरक्षण-यानी रोटी, कपड़ा और मकान देने के साथ अपना नाम दे कर सामाजिक स्वीकृति देता है तो कहता है पत्नी, लेकिन जब संरक्षण देकर अपना नाम नहीं देता तो वह 'रखैल' है। जहाँ वह न संरक्षण देता है, न सामाजिक स्वीकृति तो वह 'वेश्या' होती है, क्योंकि संरक्षण के लिए उसे बहुतों पर निर्भर रहना पड़ता है, नतीजे में सामाजिक सम्मान का प्रश्न ही नहीं उठता।"[2] हिंदू समाज व्यवस्था में प्राचीन काल से पुरुष मानसिकता से पीड़ित शोषित तथा उपेक्षित, अत्याचारित स्त्री के उत्थान हेतु स्वतंत्रता पूर्व तथा पश्चात समाज सुधारकों के प्रयासों के फलस्वरूप शिक्षा को आत्मसात कर नारी विकसित हो रही है। स्त्री मुक्ति के आंदोलन में ज्योतिबा फुले, सावित्री बाई फुले, राजा राममोहन राय, गोपाल गणेश आगरकर, राजर्षी शाहू महाराज, बाबा साहेब डॉ. आंबेडकर जैसे समाज सुधारकों ने हिस्सा लिया है। भारतीय संविधान में भी स्त्री उत्थान हेतु कई प्रावधानों को स्थापित किया है जो आधुनिक दौर में स्त्री उसके बल पर प्रगति पथ पर आगे बढ़ रही है।

I

समाज में स्त्री चेतना के फैलाव में शिक्षा, स्त्री मुक्ति आंदोलन, जन जागृति का प्रसार एवं कानूनों और नियमों के कारण नारी में आत्मनिर्भरता होने लगी। समाज सुधारकों द्वारा नारी उत्थान हेतु किये गए कार्यों से समय के साथ-साथ नारी जीवन मूल्यों में परिवर्तन आने से स्त्री में नवचेतना निर्माण होकर पुरुषों की बराबरी या

समस्यानुकूल अन्याय का विरोध भी वह करने लगी है। छप्पर उपन्यास में लेखक ने रजनी के प्रभावशाली व्यक्तित्व पर प्रकाश डालते हुए कहा है–"भरा-पूरा यौवन, सुंदर-सुशील तथा नारी सुलभ सभी गुणों से संपन्न थी रजनी। नाक-नक्श और शरीर का गठन ऐसा मिला था उसे कि कामदेव भी लज्जित हो जाएँ अपने आप पर। लंबी-लंबी पलकों से ढकी उसकी काली-काली आँखों में हिरनी जैसी चपलता हो न हो लेकिन गहराई बहुत थी उन में और वह भी इतनी कि कोई एक बार उतर जाए उसकी इन आँखों में तो डूबे बिना रह नहीं सकता था।"[3] रजनी देखने में जितनी सुंदर है उतनी ही दिलों-दिमाग से नेक भी है। वह ठाकुरों का वंशज होकर भी दलितों के प्रति संवेदनशील दिखाई देती है।

रजनी पढ़ी-लिखी होने के कारण सच और झूठ के बीच जो फर्क है उसे पहचान रही है इसलिए वह सृष्टि के सभी मानव जीव को समान समझती है–"ब्राह्मण और भंगी क्या दोनों की शरीर रचना एक जैसी नहीं होती? क्या दोनों हाड़-मास के बने हुए नहीं होते? क्या दोनों के शरीर में बहने वाले खून का रंग एक जैसा नहीं है? फिर दोनों समान क्यों नहीं हो सकते।"[4] रजनी सामाजिक न्याय और समता का नारा लगाकर वर्णाश्रम व्यवस्था का विरोध करती है। वह कहती है–"अपने स्वार्थ की खातिर दूसरों को बलि बनाना तो उचित नहीं है। किसी को मूर्ख बनाकर धोखे में रखकर अथवा जबरदस्ती से अधिक समय तक उसका शोषण नहीं किया जा सकता। व्यक्ति हो या वर्ग सब स्वतंत्र और स्वावलंबन का जीवन जीना चाहते हैं अभाव और शोषण का जीवन कोई जीना नहीं चाहता।"[5] रजनी मनुष्य की स्वतंत्र पर बल देती है। रजनी के मन में दीन-दलितों के प्रति दया, करुणा, सहानुभूति है। वह गाँव के दलितों की सेवा करती है। रजनी अज्ञात लोगों को शिक्षित करती है। वह दलित समाज में आत्म-सम्मान और स्वाभिमान की भावना जागृत करने के काम में सहयोग देती है।

प्रेम भावना मनुष्य के हृदय की अमूल्य निधि है। प्रेम के बगैर मनुष्य का अस्तित्व निरस है। प्रेम व्यक्ति को सहिष्णु और संवेदनशील बनाता है। मानवीय जीवन में प्रेम महत्त्वपूर्ण तत्त्व है। रजनी बचपन से ही चंदन के प्रति आकर्षित है। वह चंदन को मन से चाहती है, उसे अपना जीवन साथी बनाने की सोचती है। वह अपने प्रेम को शब्दों में प्रकट नहीं करती। वह चंदन तथा उसके माता-पिता को हमेशा सहायता करती रहती है। अंत में चंदन अपने उद्देश्य में सफल होने के पश्चात संकेतात्मक शब्दों में अपने प्रेम को व्यक्त करती है, कमला की मृत्यु के पश्चात उसके बच्चे के लालन-पालन के बारे में कहती है–"पिता का प्यार तुम देना, माँ का प्यार मैं दूँगी उसे।"[6] रजनी चंदन से बेहद प्रेम करती है किन्तु अंत तक स्पष्ट शब्दों में इस

प्रेम को अभिव्यक्त नहीं कर सकीं। वह मूक प्रेमिका की भाँति अपने मन की भावना को संकेतों में ही कहने की कोशिश करती है। जातीय बंधन के कारण शायद उसका यह प्रेम मूक रहा हो।

मनुष्य के हृदय अनेक भावों का सागर है। वह दूसरों की दुःखदायक स्थिति देखकर उसके दुख दर्द को महसूस कर लेती है। रजनी एक शिक्षित युवती है। वह एक साधन संपन्न परिवार के ठाकुर हरनाम सिंह की इकलौती संतान है। वह दीन-दलितों के प्रति मन में सहृदयता की भावना को संजोए हुए है। वह दलित गरीब चंदन को हमेशा सहायता करती है। चंदन जब उच्च शिक्षा के लिए शहर चला जाता है, तो रजनी उसके माता-पिता की अपने पिता से बढ़कर देखभाल करती है। वह चंदन के सामाजिक कार्यों से प्रभावित होकर उसे समय-समय पर आर्थिक मदद भी करती है। चंदन का पिता सुक्खा रजनी के बारे में कहता है–"रजनी ने नया जीवन दिया है हमें। फाके के कारण भूखे मर गए होते हम, यदि रजनी ने हमारी मदद नहीं की होती।"[7] रजनी के मन में परोपकार की भावना दिखाई देती है।

चंदन के माता-पिता आर्थिक अभावों से त्रस्त होने के पश्चात अंतिम क्षणों में हार मानते हैं। वे उनके जीवन का आधार चंदन के पास जाकर रहने की सोचते हैं। किंतु रजनी चंदन के माता-पिता को उनके बेटे के सामाजिक कार्यों की जानकारी देती है। चंदन के कार्यों में आप से बाधा न निर्माण हो इसलिए उन्हें पुनश्च कर्मरत रहने के लिए सहयोग कर उत्साहित करती है। उन्हें संघर्षशील बनाए रखने के लिए कहती है–"टूटकर जुड़ना ही तो जीवन है। आप हिम्मत न हारे बाबा। अपनी टूटन और बिखराव को समेटकर स्वयं को जोड़ने की कोशिश करें। आप जैसे धैर्यवान व्यक्ति को तो साहस नहीं छोड़ना चाहिए।"[8] रजनी का व्यक्तित्व प्रेरणादायी है।

रजनी समता, स्वतंत्रता, भाईचारा और सामाजिक न्याय इन मूल्यों की पक्षधर है। वह वर्णाश्रम व्यवस्था में स्थित सामाजिक विषमता और शोषक प्रवृत्ति का विरोध करते हुए कहती है–"किसी व्यवस्था में दोष हो और वह उत्थान की बजाए पतन का कारण बनती हो तो उसे अवश्य बदला जा सकता है और बदला जाना चाहिए।"[9] रजनी वर्णाश्रम व्यवस्था और विषमता को जन्म देने वाली मानसिकता से ग्रस्त समाज को बदलने की कोशिश करती है। वह इस विद्रोह की शुरुआत अपने घर से करती है। सबसे पहले अपने पिताजी की संर्किण सोच को बौद्ध धम्म की विचारधारा के बल पर बदलने का प्रयास करती है।

रजनी समाज में व्याप्त दलित समाज के अन्याय-अत्याचार शोषण के खिलाफ संघर्षशील है। वह दलित आंदोलन से जुड़कर सामाजिक बदलाव की पक्षधर बनी है। वह स्वयं कहती है–"अन्याय और शोषण के खिलाफ मैं भी हूँ।"[10] रजनी का स्वभाव

अन्याय-अत्याचार के विरोधी विद्रोही है परंतु इस विद्रोह में आतंक नहीं है, आक्रोश नहीं है। रजनी के व्यक्तित्व का भावुकता एक महत्त्वपूर्ण पहलू है। वह चंदन के प्रति स्नेहमयी है। उनके माता-पिता के प्रति भी सहृदयशील व्यवहार करती है। वह दीन-दलितों की सेवा करने में स्वयं को समर्पित करती है।

रजनी ठाकुर की इकलौती लड़की है। वह अपने पिता के दलितों पर किए अन्याय अत्याचार के बदले पिता को दोषी मानकर स्वयं इसके लिए प्रायश्चित करने की बात अपने पिता से कहती है–"मेरे विवाह से ज्यादा जरूरी है कि आपकी गलतियों के लिए प्रायश्चित करूं मैं और उन दलित-पीड़ित लोगों से माफी माँगकर उनके गुस्से और आक्रोश को ठंडा करने की कोशिश करूँ जिनको आपने सताया है। आपके द्वारा किए गए अत्याचार और गुनाहों के कारण अपने माथे पर लगे कलंक को धोने का यही एक उपाय है।"[11] रजनी ने सहायक पात्र के रूप में कथ्य को अर्थपूर्ण बनाने तथा कथानक को गति प्रदान करने में महत्वपूर्ण भूमिका निभाई है।

संक्षेप में, आज स्त्रियाँ विकास के सभी क्षेत्रों में अपने अधिकारों की माँग कर रही है। समाज, परिवार और व्यक्तिगत स्तर पर आज की स्त्रियाँ स्वयं के अस्तित्व बोध के प्रति सचेत दिखाई दे रही है। नारी मुक्ति संघर्ष, नारी चेतना तथा आधुनिक बोध ने नारी जीवन और उसकी सोच को नई दिशा दी है। स्त्री समय के साथ-साथ शिक्षा से आत्मनिर्भर बनाकर हिंदू समाज के परंपरागत संस्कारों की जंजीरों को तोड़ रही है। स्त्रियां अपनी अस्मिता की नई पहचान बनाने में प्रयत्नशील दिखाई दे रही है।

II

समाज में स्त्रियों का इतिहास त्यागी, कर्मशीला और नवोन्मेषी से जाना जाता है लेकिन हिंदू संस्कृति में स्त्री का महत्त्व सम्मानजनक नहीं दिखाई देता है। क्योंकि भारतीय समाज व्यवस्था पुरुष प्रधान होने के कारण संकिर्ण परंपराओं, अमानवीय नीति-नियमों में स्त्रियों के शोषण को बढ़ावा दिया है। स्त्री केवल शारीरिक ही नहीं बल्कि बौद्धिक स्तर पर भी निरंतर शोषण का शिकार रही है। स्त्रियों को अबला घोषित करके पुरुष वर्ग ने हमेशा के लिए उन्हें गुलाम बनाने की साजिश रची है। लेकिन सच्चाई यह है कि मानवीय मूल्यों को सुरक्षित रखने की केंद्रीय भूमिका स्त्रियों द्वारा ही निभाई गई है। लेकिन वह समाज की परिधि के बाहर है और केंद्र में है पुरुष सत्ता। जीवन में स्त्रियों के सहयोग के बिना जीना बेहद मुश्किल है। क्योंकि स्त्रियों के त्याग, सहिष्णुता, ममता और सृजनशीलता के बिना संसार के गति का चक्र नहीं चल सकता है। इसलिए स्त्री समाज की आधारशील है। समाज में एक ओर स्त्री को सृष्टि की आधारशीला, देवी, मां और श्रद्धा एवं सम्मान के पात्र कहा जाता है, तो

दूसरी ओर दलित स्त्रियों को तथाकथित सवर्ण समाज खिलौना समझता है। वर्णाश्रम समाज में दलित स्त्रियाँ दोहरे शोषण से पीड़ित है, एक तो वह दलित होने के नाते सवर्णों के हाथों और स्त्री होने के कारण पुरुष प्रधान संस्कृति से।

रमिया दलित मजदूर सुक्खा की पत्नी और उपन्यास का नायक चंदन की माँ है। वैवाहिक जीवन में सफलता हासिल करने के लिए पति-पत्नी के विचारों में समन्वय की भावना महत्त्वपूर्ण है। पत्नी-पति के प्रेरक शक्ति होती है। पत्नी का परिवार में सर्वाधिक महत्त्वपूर्ण स्थान है, वह गृहिणी के रूप में जहाँ घर रूपी राज्य की स्वामिनी है, वहीं प्रेमिका, अर्धागिनी तथा सती आदि रूपों में पति की प्रेरणादायी शक्ति रही है। वह कहती है–"मैं तुम्हारी जीवन संगिनी हूँ। तुम्हारा सुख-दुख मेरा सुख-दुख है। दोनों मिलकर सोचेंगे-करेंगे तो क्या पता हमारी तकलीफ खत्म हो जाए।...यह सोचते हो कि मैं बुढ़िया हो गई हूँ और किसी काम की नहीं रही तुम्हारी कोई मदद नहीं कर सकती मैं। पर देखो बुढ़िया जरूर हूँ मैं और उम्र से गिर गई हूँ यह मेरे वश की बता नहीं है। लेकिन हिम्मत और हौसले में किसी से कम नहीं हूँ। मैं अभी भी बड़े से बड़ा त्याग कर सकती हूँ मैं तुम्हारे लिए चंदन के बापू।"[12] रमिया अपने पति सुक्खा के जीवन से तदाकर होना तथा हिम्मत के साथ उनकी सहायता करना आदि को स्पष्ट वाणी दी है। भारतीय संस्कृति में विवाहित नारी पति को अपना सर्वस्व मानती है। रमिया आदर्श पत्नी, साहसी स्त्री है।

रमिया गरीब है लेकिन उसके सपने बेहद बड़े है। वैसे भी सपनें देखने के लिए जाति और गरिबी मायने के मायने नहीं होने चाहिए। लेकिन हिंदू समाज में इन मर्यादाओं का पालन कठोरता से कराया जाता है। अपनी इकलौती संतान चंदन को भविष्य में पढ़ाई के बल पर बड़े से बड़े ओहदे पर देखने की आशा तथा कल्पना करते हुए कहती है–"चंदन कहीं कलेक्टर या दरोगा बन जाए। वह कार में घूमेगा, बंगले में रहवेगा, लोग दुहरे होकर सलाम करेंगे उसको...।"[13] रमिया की सपना उसके आशावादी विचारों को बढ़ावा देता है।

रमिया जिज्ञासु वृत्ति की स्त्री है। वह अपने बेटे की शिक्षा के बारे में जानना चाहती है कि आखिर चंदन पढ़-लिखकर क्या करेगा, वह कौन से पद पर जाएगा वह अपनी जिज्ञासा अपने पति सुक्खा के समक्ष व्यक्त करती है तब सुक्खा कहता है कि चंदन डॉक्टरी करना चाहता है। इस पर रमिया कहती है–"ये डॉक्टरी क्या होती है, अभी कितने दिन और लगेंगे उसे डॉक्टरी करने में।"[14] इसके साथ ही जब गाँव में सुक्खा लगान का ऐलान सुनकर बेचैन होता है तब भी रमिया उनकी बेचैनी के कारण को जानने के लिए उत्सुक रहती है।

संक्षेप में, छप्पर उपन्यास के स्त्री पात्रों में रमिया एक महत्त्वपूर्ण सहायक पात्र

के रूप में दिखाई देती है। वह जीवनभर आर्थिक अभावों से लड़ रही है लेकिन किसी से कोई शिकायत नहीं करती है। अपने पति सुक्खा के साथ भूखी-प्यासी रहकर दोपहरी तिपहरी तक कठोर परिश्रम करती है। हर पल अपने दुख दर्द को भूलकर पति और बेटे के उज्ज्वल भविष्य के बारे में सोचती रहती है। एक आदर्श पत्नी और माँ के सभी गुणों से समन्वित है। रमिया साहसी, त्यागमयी, आशावादी और प्रेरणावादी स्त्री है क्योंकि समाज के एक विशिष्ट कटघरे में रह कर भी अपने परिवार का उज्ज्वल भविष्य की कामना करती है इसीलिए वह दलित और अशिक्षित होकर भी उसकी समझ ऊँची है।

III

आधुनिक दौर में शिक्षा के बढ़ते प्रभाव से स्त्रियों में अपने अधिकार और अस्तित्व बोध से चेतना पनप रही है। शिक्षा ने और भारतीय संविधान ने स्त्रियों में जागृति लायी लाकर उसे वैज्ञानिक मानसिकता प्रदान की है। आज स्त्री के अस्मिता बोध पर प्रहार हुआ तो वह अपने अस्तित्व के प्रति सचेत रह कर उसका डट कर विरोध करती है। समाज सुधारकों के साथ-साथ साहित्यकारों ने भी अपनी रचनाओं के माध्यम से स्त्रियों को उनके अधिकारों के प्रति जागृत किया है। वर्णाश्रम समाज में किसी जाति के स्वाभिमान को ध्वस्त करने के लिए उनकी महिलाओं पर बलात्कार किया जाता है। दलित स्त्रियों का तथाकथित सवर्णों द्वारा दैहिक शोषण इसी विकृत मानसिकता से किया जाता है।

हिंदू समाज में बेटी बनकर पैदा होना एक गुनाह के बराबर है ऊपर से वह दलित के घर पैदा होना उससे भी बड़ा गुनाह है। कमला दलित मजदूर हरिया की इकलौती बेटी है। वह समाज के उच्च वर्ग द्वारा बलात्कार की शिकार बनी हुई है। चंदन उपन्यास का नायक कमला के प्रभावी तथा मन को मोहित करने वाले व्यक्तित्व के बारे में कहता है–"पूरे संतनगर में कमला की जोड़ की युवती ढूंढे नहीं मिलेगी। यूँ तो पूरी बाढ़ सी है यहाँ लडकियों की लेकिन ऐसी सुंदर और सुशील युवती नहीं है कोई।"[15] बोलचाल के ढंग, तहजीब, सलीका, सौम्यता और सौंदर्य कमला के प्रभावशाली व्यक्तित्व के गुण है।

कमला समाज के उच्चवर्गीय लोगों द्वारा शारीरिक शोषण अर्थात बलात्कार की शिकार हुई है। वह बलात्कार के पश्चात जन्में बच्चे का पालन करती है। जाति और गरिबी ने कमला का जीवन बर्बाद किया है। मेहनत-मजदूरी करके भी स्वाभिमानी जीवन बिताने को कोशिश में कई तरह की मुश्किलों का सामना करना पड़ता है। वह उस बच्चे को पढ़ा-लिखाकर काबिल इंसान बनाना चाहती है। साथ ही उस पर हुए

अन्याय, अत्याचार के खिलाफ डटकर विरोध करने के लिए स्वयं को तैयार भी करती है। कमला चंदन के दलित आंदोलन में सम्मिलित होकर समाज सेवा भी करने का निश्चय करती है। कमला के इन विचारों से चंदन प्रभावित होकर कहता है–"कैसी विचित्र व्यवस्था है इस समाज की। एक ओर आतताई भेड़िए हैं और दूसरी ओर कमला जैसी निरीह और असहाय युवतियाँ। एक ओर सृष्टि का आधार माना जाता है औरत को, वह देवी है, माँ है, उसके पैर छुए जाते हैं। वह श्रद्धा और सम्मान की पात्र है। दूसरी ओर कमला जैसी युवतियाँ हैं जो समाज के लिए खिलौना हैं, जिनको पुरुषों का एक वर्ग अपनी वासना की तृप्ति का साधन मात्र समझता है, उनके साथ बलात्कार किया जाता है। एक ओर नारी बहन है, बेटी है, उसकी इज्जत जान से भी बढ़कर होती है और दूसरी ओर कमला जैसी युवतियाँ हैं जिनको सरेआम बेइज्जत किया जाता है, जिनके शरीर और यौवन समाज के इन भेड़ियों की यौन तृष्णा की आग को शांत करने का साधन मात्र हैं।"[16] कमला का संघर्ष दलित और गैर-दलित समाज की स्त्रियों का संघर्ष एक सा है। कमला का अवैध मातृत्व और अवैध बच्चे का बोझ संभालने साहस प्रशंसनीय है।

कमला का व्यक्तित्व आकर्षक है साथ हि वह त्याग, बलिदान और समर्पण की भावना से भी परिपूर्ण है। वह दलित लड़की होने के कारण सामाजिक शोषण से प्रताड़ित है। अन्याय के विरोध में आवाज उठाती है। कमला चंदन के सामाजिक विचारों और कार्यों से बेहद प्रभावित होकर कहती है–"यदि कभी आवश्यकता पड़ी तो आपके सम्मान की रक्षा अपने प्राणों पर खेलकर भी करूँगी मैं।"[17] कुछ ही दिनों बाद चंदन दलित लोगों के सभा को संबोधित करके मंच से उतर रहा था कि अचानक दलित विरोधी और संर्किण मानसिकता वाले व्यक्ति ने चंदन को जान से मारने की नियत से उसके सिर पर लाठी से जोरदार प्रहार किया। चंदन के सिर पर लाठी आते देख कमला ने चीते जैसी स्फूर्ती से एक झटके से उसे धकेल कर स्वयं के सिर पर लाठी का प्रहार झेल लिया और वहीं पर कमला की मौत हुई। कमला की मौत चंदन के लिए एक सदमें की तरह रही है।

कमला आत्मनिर्भर बन कर जी रही है लेकिन सवर्णों से यह देखा नहीं जाता कि कोई दलित आत्मसम्मान या आत्मनिर्भरता से जी रहा है। कमला आशावादी है क्योंकि वह अपने ऊपर हुए बलात्कार से जन्में बच्चे का पालन करके उसे शिक्षित बनाना चाहती है। कमला जानती है कि शिक्षा ही एकमात्र हथियार है जिसके बल पर अन्याय के खिलाफ डटकर मुकाबला किया जा सकता है। वह कहती है–"अब यही मेरा सहारा है। बड़ा होकर यह मेरे साथ हुए जुल्म और अत्याचार का बदला ले यही मेरी कामना है।"[18] कमला का स्वभाव भावुक इसलिए वह कहती है–"पहले मैंने सोचा

कि वह गंदगी है और इस गंदगी को कहीं फेंक दूँ लेकिन ममता के मोह ने रोक लिया मुझे और नहीं कर पाई मैं।"[19] कमला वात्सल्यमयी स्त्री है।

कमला संवेदनशील लड़की है। ममता के कारण बच्चे का पालन करते हुए जीवन बिताती है। जब चंदन कमला के पति के बारे में जानना चाहता है तो वह कहती है–"उफ्। आप को कैसे समझाऊँ बाबू साहब कि मेरी शादी नहीं हुई, मैं कुआरी हूँ।"[20] कमला बिन ब्याही बच्चे की माँ है। वह जीवन भर घुटन तथा यातना भरी पीड़ा से लड़ रही है। वह जीवन में हार मानने वाली नहीं बल्कि दो दो हाथ करने वाली साहसी लड़की है। कमला अपने ऊपर हुए बलात्कार को स्वयं के सौंदर्य को दोष देती हुई कहती है–"मेरा दोष यही था कि मेरा रंग दूसरी लड़कियों से थोड़ा बहुत साफ-सुथरा था और मेरे नाक-नक्श दूसरी लड़कियों से थोड़े अच्छे थे। काश मैं बदसूरत होती तो कम से कम मेरा जीवन तो बर्बाद नहीं होता।"[21] यह सच्चाई है कि दलित स्त्रियों के शोषण के विविध आयामों में उसका सौंदर्य भी एक बड़ा कारण रहा है और इसी कारण का शिकार कमला बनी हुई है। कमला का सौंदर्य उसके लिए एक अभिशाप की तरह रहा है।

जब चंदन कमला के घर आता है तो कमला चंदन को देखकर उनका आदर करती है। वह चंदन को चाय या लस्सी का आग्रह करती है किन्तु चंदन द्वारा कोई जरूरत नहीं है, ऐसा कहते ही कमला कहती है–"आप मुझ गरीब की झोपड़ी तक आए हैं और मैं आपका कुछ स्वागत-सत्कार भी न कर सकूँ। यह भी कोई बात है।"[22] कमला के मन में अतिथि के प्रति आदर की भावना है। वह दलित समाज के संस्कृति में स्थित अतिथ्य सत्कार की भावना को स्वेच्छा से वहन करती है। संक्षेप में, छप्पर उपन्यास में कमला महत्त्वपूर्ण पात्र के रूप में कार्यरत है। वह दलित होकर भी दबंग सवर्णों से संघर्ष करती है। साहस और त्याग के कारण वह प्रेरणादायी लड़की के रूप में अपना प्रभाव पाठकों पर छोड़ती है।

संदर्भ संकेत

1. बाबा साहेब डॉ. आंबेडकर : संस्मरण और स्मृतियाँ–नानक चंद रत्तू (संपादक), सम्यक प्रकाशन, 32/3, पश्चिमपुरी, नयी दिल्ली-110 063, संस्करण द्वितीय हिंदी- 2002, पृ. 109
2. आदमी की निगाह में औरत–राजेन्द्र यादव, राजकमल प्रकाशन प्रा. लि. 1-बी, नेताजी सुभाष मार्ग, नयी दिल्ली-110 002, प्रथम संस्करण-2013, पृ. 19
3. छप्पर–जयप्रकाश कर्दम, सम्यक प्रकाशन, 32/3, पश्चिमपुरी, नयी दिल्ली-110 063, प्रथम संस्करण-2014, पृ. 71-72
4. वही, पृ. 93
5. वही, पृ. 73-74

6. वही, पृ. 135
7. वही, पृ. 118
8. वही, पृ. 107
9. वही, पृ. 92
10. वही, पृ. 120
11. वही, पृ. 102
12. वही, पृ. 28
13. वही, पृ. 9
14. वही, पृ. 8
15. वही, पृ. 51
16. वही, पृ. 56-57
17. वही, पृ. 84
18. वही, पृ. 56
19. वही, पृ. 56
20. वही, पृ. 53
21. वही, पृ. 57
22. वही, पृ. 51

अध्याय-5

छप्पर उपन्यास में दलित जीवन की भाषा-शैली

दलित साहित्य की भाषा दलित जीवन की तरह ही बेहद दिलचस्प दिखाई देती है। दलित साहित्य की भाषा में आक्रोश और आक्रामकता से व्यवस्था में परिवर्तन की संभावना क्यों दिखाई देती है? डॉ. जयप्रकाश कर्दम के शब्दों में–"दलित साहित्य की रचनाएँ दलितों के दर्द के दस्तावेज या उत्पीड़न के आख्यान हैं। इसलिए दलित साहित्य प्रायः सहज, सरल और आम बोलचाल की भाषा में है। दर्द में छटपटाहट और आक्रोश भी होता है। इसलिए दलित साहित्य की भाषा में आक्रोश की आग है। दलित साहित्य सामाजिक चेतना का साहित्य है इसलिए दलित साहित्य की रचनाओं में सर्वाधिक जोर संप्रेषणीयता पर है। मुहावरे, अलंकरण और लाक्षणिकता के प्रयोग की ओर दलित साहित्य का विशेष ध्यान नहीं है। दलित साहित्य का ध्यान सत्य की यथा-तथ्य अभिव्यक्ति पर है। शब्दों की भूल-भुलैया में पाठक को घुमाने, भटकाने या अपना पांडित्य दिखाने के लिए शब्दों का चमत्कार पैदा करने की कोई कोशिश यहाँ नहीं होती है। संवेदना की सड़क पर सरपट दौड़ती दलित साहित्य की अधिकाश रचनाएँ 'जो सहा सो कहा' की सहज अभिव्यक्ति है। इनमें उलझावों, घुमावों अथवा संकेतों के लिए गुंजाइश नहीं है। लेकिन कुछ रचनाकार सांकेतिक रूप में भी अब अपनी बात कहने लगे हैं।"[1] दलित साहित्य की भाषा में जो गुस्सा, घृणा और द्वेष दिखाई देता है, वह किसी व्यक्ति के प्रति न होकर वर्णाश्रम व्यवस्था के प्रति है। क्योंकि वर्णाश्रम व्यवस्था में मनुष्य मनुष्य के बीच अलगाव और विषमता को बढ़ावा दिया गया है।

I

ध्वनी या संकेतों से बोली, बोली से भाषा और भाषा के माध्यम से साहित्य का जन्म हुआ है। साहित्य का सृजन मनुष्य के हित में हुआ है। साहित्य और मनुष्य एक दूसरे से जुड़े हुए है। साहित्य मूलतः भाषा के माध्यम से मनुष्य के जीवन को अभिव्यक्त करता आ रहा है। साहित्य में भाषा का और मनुष्य के जीवनुभवों का स्थान सर्वोपरि रहा है। बोली, भाषा तथा मनुष्य का जन्मतः अटूट रिश्ता दिखाई देता

है। बोली और भाषा मानवीय जीवन में अमूल्य देन है। उसका स्वरूप तथा महत्त्व वैविध्यपूर्ण रहा है। जयप्रकाश कर्दम ने अपने व्यापक, गहन, अध्ययन और अनुभवों से दलित जीवन की भाषा के सीमित दायरे को छेद कर विभिन्न क्षेत्रों और समाज के स्तरों से शब्द, बोली भाषा व भाषा का चयन करके भाषा का एक सशक्त विकसित किया हुआ है। हम अध्ययन की सुविधानुसार जयप्रकाश कर्दम के छप्पर उपन्यास की भाषा को दो भागों में विभाजित करते है–

जैसे– 1. विविध शब्दों का प्रयोग।, 2. भाषा सौंदर्य के साधन।

विविध शब्दों का प्रयोग

छप्पर उपन्यास में विभिन्न क्षेत्रों एवं समाज के स्तरों के शब्दों का मार्मिक प्रयोग हुआ है। इनमें तत्सम, तद्भव, देशज तथा विदेशी आदि शब्दों का विवेचन-विश्लेषण इस प्रकार दिखाई देता है। 'तत्सम' से तात्पर्य- ज्यों के त्यों। 'तत्सम' वे शब्द हैं जो संस्कृत से आये हैं और बिना किसी विकार या परिवर्तन के हिंदी भाषा के अंग बन गए हैं- अर्थात जो अपने मूल रूप में ही प्रयुक्त होते हैं। छप्पर उपन्यास में प्रयुक्त तत्सम शब्दों के उदाहरण इस प्रकार है। जैसे– जीवन, मृत्यु, नेत्र, शांति, नेता, साहित्य, दुख, आमंत्रित, मुख, अमृत, आकांक्षी, विवाह, आत्महत्या, उपदेश, उत्साही, ग्रह, आस्था, राजनीतिक, अहं, संस्कार, धर्म, पंडित, पाखंड, देवता, यज्ञ, कार्य, ईश्वर, ज्योतिष, क्रोध, आर्शीवाद, विद्या, धर्मग्रंथ, मन, शीघ्र, हस्ती, त्याग, प्रतीक्षा, व्यक्ति आदि।

तद्भव शब्द

तद्भव शब्द संस्कृत से उत्पन्न हैं, इन शब्दों का मूल स्रोत तो संस्कृत है, लेकिन हिंदी में इनका प्रयोग विकृत रूप में ही होता आ रहा है। साहित्य में कथ्य के अनुरूप भाषा में सहजता और स्वाभाविकता लाने के उद्देश्य से तद्भव शब्दों का प्रयोग आवश्यक होता है। जैसे– किसान, हृदय, पिता, काम, हजार, शिकार, सूरज, पान, सेवा, पुस्तकालय, आकाशवाणी, हाथ, घर, आँसू, गाँव, नाक, आग, सेवा, सहृदय, बहू, कटुता, सद्भाव, लाल, आदि। इन शब्दों द्वारा छप्पर उपन्यास की विषय वस्तु रोचक, सरल और गतिशील बनाने की कोशिश की है।

देशज शब्द

देशज ग्रामीण अथवा लोकभाषा के शब्द हैं। देशज वे शब्द हैं जिनका स्रोत

अज्ञात रहता है। छप्पर उपन्यास में देशज शब्द इस प्रकार दिखाई देते हैं। जैसे– चारपाई, परवाह, पागल, मुँह, पुश्तैनी, पुरखें पत्थर, अधमरा, मिल्कियत, करवटें, तपन, भगवान, फंसवा, पहुँचवाँ, बारगी आदि। छप्पर उपन्यास में तत्सम, तद्भव, देशज आदि शब्दों का प्रयोग किया है। इसके साथ-साथ विदेशी शब्दों का प्रयोग भी दिखाई देता है। वह इस प्रकार है–

दसवीं-ग्यारहवीं शती से आधुनिक आर्य भाषाओं का काल आरंभ होता है। तभी से लगभग एक सहस्त्रब्दी तक हिंदी प्रदेश पर विदेशी शासन का प्रभाव रहा है। विदेशी शिक्षा, धर्म, संस्कृति और फैशन के साथ विदेशी शब्द भी हिंदी में प्रविष्ट हुए हैं। साहित्य में स्वतंत्रता पूर्व काल से विदेशी शब्दों का प्रचलन कम अधिक मात्र में होता रहा है। छप्पर उपन्यास में विदेशी शब्दों का प्रयोग इस प्रकार दिखाई देता है–

छप्पर उपन्यास में 'अरबी' शब्दों का प्रयोग पर्याप्त मात्र में दिखाई देता है। इनके उदाहरण इस प्रकार है–कर्ज, मशक्कत, फर्ज, फारिग, मुँहताज, ईजाद, हिफाजत, ख्याल, इस्तहाल, कमीज, किस्मत, तेवर, हरफ, आलम, मुकदमे, तहजीब, इज्जत, अहम्, इंसान, हाकिम, जिंदगी, आदमी, अलमारी, इर्द-गिर्द, ऐलान, इनाम, खत्म, उम्र, गरीब, कानून, इंकार, इलाका, असर, शराब, आम, अदालत, मौत, असली, आमदनी, शबाब, आनन-फानन आदि। इन शब्दों का प्रचलन दैनिक व्यवहार में किया जाता है।

छप्पर उपन्यास मे 'फारसी' शब्दों का प्रयोग किया है। जैसे– चिलम, परेशान, आवाज, गुलाब, किराया, तामील, जमीन, गुजर, हरगिज, मरहम, तकदीर, ताल्लुकात, सिपाही, कामयाब, सितार, आराम, चीज, शादी, बीमारी, चमक, शोर, आसमान, जहर, आदि। छप्पर उपन्यास में अरबी शब्दों के साथ-साथ 'फारसी' शब्दों का प्रयोग काफी मात्र में दिखाई देता है।

छप्पर उपन्यास में अंग्रेजी शब्दों का प्रयोग काफी मात्र में दिखाई देता है। जैसे– कालोनी, एडजस्ट, हैंड-टू-माउथ, टैक्स, बिजनेस, स्कूल-कालेजों, ओवर-टाइम, रजिस्टर, एक्सप्रेस-ट्रेन, ब्रेक, क्लीनिक, स्टैथिस्कोप, इमेज, हॉस्टेल, कैरिअर, होमवर्क, लिट, रिजल्ट, रजिस्ट्रेशन, मीटिंग, क्रीमीलेयर, इण्टरमीडिएट, डॉक्टर, प्राइवेट-स्कूल, क्लर्क, रिटायर, लाइसेंस, ऑपरेशन, मैगजीन, इंजीनियरिंग, रेलवे-स्टेशन, आंटी, सर, ब्लैक-मार्केटिंग आदि।

छप्पर उपन्यास में अरबी, फारसी, अंग्रेजी शब्दों के साथ-साथ संस्कृत के भी शब्द अधिकांश रूप में दिखाई देता है। जैसे– ब्राह्मण, हाथ, पुत्रवत, जल, दूध, विश्राम, कंठस्थ, पैत्रक, अनुनय, दांत, कहानी, हर्ष, क्रियान्वित, कृतज्ञता, शरीर, सूर्य, भाई, अचानक, पराजय, दर्शन, वरिष्ठ, मंदिर, अन्यमनस्क आदि। संस्कृत शब्दों के कारण छप्पर उपन्यास में 'भाषा' स्वाभाविक रूप में दिखाई देता है।

संक्षेप में, छप्पर उपन्यास में जयप्रकाश कर्दम ने भाषा में सहजता, स्वाभाविकता और पात्रानुकूल कथ्य की दृष्टि से अनेक प्रकार के शब्दों का प्रयोग किया है। इसमें ध्वन्यार्थक शब्द, निरर्थक शब्द, पुनरूक्ति शब्द, अपशब्द और संयुक्त शब्दों आदि का प्रयोग किया है।

छप्पर उपन्यास में भाषा को सहजता प्रदान करने तथा वातावरण की यथार्थ स्थिति को चित्रित करने के लिए जयप्रकाश कर्दम जी ने 'ध्वन्यार्थक शब्दों का सुंदर प्रयोग किया है। विशिष्ट आवाज को व्यक्त करने के लिए ध्वन्यार्थक शब्दों का प्रयोग किया है। जैसे–

तेज हवा चलने की ध्वनि– सांय-सांय।

वाद्य बजाने की ध्वनि– ढब-ढब-ढब।

बरसात की ध्वनि– किनमिन किनमिन।

थूकने की ध्वनि– थू-थू आदि।

निरर्थक शब्द पात्र-मनोदशा, परिस्थिति को व्यंजित करने में सहायक होते हैं। छप्पर उपन्यास में प्रयुक्त निरर्थक शब्द के उदाहरण इस प्रकार दिखाई देते है। जैसे– रहने-सहने, ढोर-डांगरों, घास-फूस, दुबला-पतला, थकी-मांदी, उथल-पुथल, हिल्ला-रूजगार, साफ-सुथरा, मैली-कुचैली, खुसर-फुसर, आपा-धापी, अलग-थलग, गाली-गलौच, शोर-शराबा, हक्का-वक्का, तहस-नहस, उल्टी-पुल्टी, रोना-धोना, करे-धरे, दुक्खम-सुक्खम, ऐरे-गैरे, सिट्टी-पिट्टी, पानी-वाणी, ठीक-ठाक, हल्का-फुल्का, उमड-घुमड, छेड़-छाड़, पूछ-ताछ, उलटा-पुलटा, ताना-बाना, खण्ड-भण्ड आदि।

साहित्यिक रचनाओं में भाषागत सौंदर्य की अभिवृद्धि के लिए प्रायः दविरूक्त या पुनरूक्ति शब्दों का प्रयोग किया जाता है। छप्पर उपन्यास में प्रयुक्त दविरूक्त शब्द भाषा में सहजता, सरलता तथा प्रभावी, रोचक बनाने में सहायक हुए है। जैसे–जल्दी-जल्दी, खिला-खिला, धीरे-धीरे, जैसे-जैसे, वैसे-वैसे, गाते-गाते, कभी-कभी, दर-दर, आदमी-आदमी, अपनी-अपनी, त्राहि-त्राहि, रोज-रोज, सोचते-सोचते, उठाए-उठाए, छोटे-छोटे, पीछे-पीछे, हल्की-हल्की, सीधे-सीधे, कहते-कहते, कर-कर, एक-एक, बीच-बीच, उखड़ा-उखड़ा, नई-नई, सौ-सौ, साफ-साफ, क्या-क्या, बड़े-बड़े, खिल-खिल, लंबी-लंबी, काली-काली, खोयी-खोयी, अभी-अभी, भिन्न-भिन्न, अंग-अंग, अलग-अलग, खुशी-खुशी, खंड-खंड, गाँव-गाँव, जुग-जुग, अकेला-अकेला, थर-थर, बार-बार, गली-गली, पड़ा-पड़ा, नन्हीं-नन्हीं, साथ-साथ, ठुनक-ठुनक, कैसी-कैसी, आहिस्ता-आहिस्ता, भाँति-भाँति, बारी-बारी, बुझी-बुझी, कभी-कभी, सहते-सहते, मार-मार, पुनःपुना, पसीने-पसीने, अंग-अंग, मोटी-मोटी, बिलख-बिलख, उछल-उछल, करते-करते, जहाँ-जहाँ, जन-जन, सूना-सूना, हजार-जहार, बना-बना, चीख-चीख, जोर-जोर, ढोते-ढोते, ऊँची-ऊँची आदि।

छप्पर उपन्यास में ध्वन्यार्थक शब्द, निरर्थक शब्द और द्विरूक्त शब्द आदि के साथ-साथ संयुक्त शब्दों का प्रयोग भी किया है। जैसे– टूटी-फूटी, दुमंजले-तिमंजले, खाने-पीने, दिन-प्रतिदिन, पढ़ाई-लिखाई, छोटा-मोटा, ऊंच-नीच, आस-पड़ोस, गीत-संगीत, उठने-बैठने, लुंज-पुंज, हमारे-तुम्हारे, नास्तिक-आस्तिक, दीन-हीन, सिलाई-बुनाई, अनुनय-विनय, सीधा-साधा, नंगे-अंधनंगे, इधर-उधर, घुल-मिल, भरा-पूरा, आदान-प्रदान, व्यथा-कथा, माता-पिता, आना-जाना, उछलता-कूदता, मिलना-जुलना, चहल-पहल, देश-विदेश, उठ-बैठ, जोड़-तोड़ आई-गई, प्रचार-प्रसार, दांए-बाएं, आकार-प्रकार, हेर-फेर, तन-मन आदि।

किसी भी तरह के अन्याय अत्याचार का विरोध, विद्रोह, प्रतिरोध, आक्रोश और संघर्ष करते समय पात्रों के व्यक्तित्व को उजागर करने में 'अप शब्दों' का प्रयोग किया जाता है। छप्पर उपन्यास में अपशब्दों के उदाहरण इस प्रकार दिखाई देते हैं– साले, हरामजादे, बदतमीजी, मूत, औलाद, भेड़िये, रण्डी, असैनी, कुलच्छनी, कुल्टा, वेश्या, कायर आदि।

II

भाषा सौंदर्य के साधन

दलित साहित्य की भाषा मुख्यधारा के साहित्य से बिल्कुल अलग है। अस्मितावादी आंदोलन से जुड़े लेखकों की भाषा कैसी होनी चाहिए? इस सवाल का जवाब डॉ. जयप्रकाश कर्दम के शब्दों में–"रिरियाती मिमियाती भाषा से कभी भी कोई आंदोलन आगे नहीं बढ़ता। आंदोलन की भाषा में उत्साह, ओज और बेबाकपन होना चाहिए। दलित साहित्य की भाषा में उत्साह, ओज और बेबाकपन के साथ-साथ आक्रोश और आक्रामकता भी है। बहुत से गैर-दलितों को दलित साहित्य की भाषा गाली-गलौच की भाषा लगती है, और उन्होंने दलित साहित्य को गाली साहित्य की संज्ञा से अभिहित भी किया है। यह समझा जाना चाहिए कि ब्राह्मणवाद का विरोध किसी ब्राह्मण को गाली नहीं है, सामंतवाद का विरोध किसी सामंत या क्षत्रीय को गाली नहीं है, और पूँजीवाद का विरोध किसी वैश्य को गाली नहीं है। दलित साहित्य भेदभाव और शोषण को जन्म देने वाली, उसका पोषण करने वाली, मानवता विरोधी धार्मिक-सामाजिक व्यवस्थाओं का पुरजोर प्रतिकार करता है। यह ब्रह्म (ईश्वर), ब्राह्मण और वेद को नकारता है। नकार और प्रतिकार की भाषा में तीखापन और आक्रोश होना स्वाभाविक है। लेकिन साथ ही तर्क का प्रबल होना भी आवश्यक है। तर्क की एक ताकत होती है। असंयत आक्रोश तर्क को कमजोर कर देता है।"[2] डॉ. जयप्रकाश कर्दम दलित

साहित्य की भाषा में विरोध और विद्रोह का होना अनिवार्य समझते है। अमानवीय व्यवस्था को खत्म करने के लिए रिरियाती और मिमियाती भाषा का कोई अस्तित्व नहीं होता है। दलित साहित्य की भाषा में उत्साह, ओज और बेबाकपन के कारण आत्मविश्वास और दुस्साहस को बढ़ावा मिलता है। अन्याय के खिलाफ लड़ने की ऊर्जा मिलती है।

साहित्य सृजन की महत्ता तथा सार्थकता उस रचना में निहित भावों और विचारों को सहज, सरल तथा आकर्षक तथा प्रभावी अभिव्यक्ति से होती है। छप्पर उपन्यास में भाषा को सौंदर्यवती बनाने के लिए विविध उपकरणों का प्रयोग हुआ है। उपन्यासकार ने अपनी रचना को प्रभावी रोचक और गतिशील बनाने के लिए कथ्य तथा पात्रों का सुनियोजित समन्वय किया है। रचना में पात्रों के व्यक्तित्व को जीवंत रूप में पाठकों के सम्मुख प्रस्तुत करने के लिए पात्रों के अनुरूप भाषा का संयोजन किया है। छप्पर उपन्यास में पात्रानुकूल भाषा के संकेत स्थान-स्थान पर मिलते हैं। सुक्खा की भाषा में स्वाभिमान तथा विद्रोह की भावना है। रमिया की भाषा में त्याग तथा पति के प्रति समर्पण है। ठाकुर हरनाम सिंह की भाषा में सवर्ण मानसिकता मौजूद है। काणे पंडित की भाषा में रूढ़ि-परंपरा तथा सनातन विचारों की भावना है। हरिया की भाषा में सहानुभूति एवं सहयोग की भावना दिखाई देती है। रजनी की भाषा में सामाजिक समता तथा मानवतावादी विचारधारा की भावना ओतप्रोत है। कमला की भाषा में विवशता, त्याग तथा विद्रोही भावना दिखाई देती हैं

छप्पर उपन्यास के नायक की भाषा सामाजिक क्रांति का प्रतीक है। चंदन कहता है–"उन लोगों को शिक्षित करूँगा मैं। इन सोए हुए लोगों को जगाऊँगा और उन में जागृति पैदा करूँगा ताकि अपने शोषण की जंजीरों को तोड़ फेंकने के लिए वे उठ खड़े हो। उन्हें खड़ा होना सिखाऊँगा मैं। स्कूल खोलूँगा और इन गरीबों के रेत-मिट्टी में खेलते फिर रहे बच्चों को पढ़ाऊँगा।"[3] यहाँ सामाजिक न्याय और परिवर्तन के दर्शन चंदन की भाषा में होते हैं।

उपदेशात्मक भाषा के द्वारा रचनाकार पाठकों के सम्मुख जीवन के नीतिमूल्य, आदर्शों को प्रस्तुत करता है। इस भाषा के द्वारा रचनाकार पाठकों को समाज में व्याप्त अज्ञान, अधर्म, अनादर्श से अवगत कराता है। सामाजिक जागृति के लिए इस भाषा का प्रयोग किया जाता है। विवेच्य उपन्यासों के कथ्य में उपदेशात्मक भाषा इस प्रकार द्रष्टव्य है–छप्पर उपन्यास में उपदेशात्मक भाषा का उदाहरण इस प्रकार है–"आप लोगों में से जो लोग शराब या अन्य नशीले पदार्थों का सेवन करते हैं, वे उनका सेवन करना बंद कर दें। जो लोग बीड़ी-सिगरेट या पान-तम्बाकू आदि पीते-खाते हैं वे उसका त्याग कर दें। जो लोग फिल्म-तमाशे आदि देखने के शौकीन

हैं वे उनको देखना बंद कर दें और जो लोग चाट पकौड़ी आदि खाते पीते हैं वे उसको छोड़ दें। आप में से बहुत से लोग कभी-कभी मांस खाते होंगे। अन्य सब्जियों की तुलना में मांस बहुत महँगी सब्जी है इसलिए मांस खाना छोड़ा जा सकता है। मैं समझता हूँ कि ऐसा करने से आप अपने बच्चों की पढ़ाई का खर्च अवश्य पूरा कर सकेंगे।"[4] चंदन एक आदर्शवादी नायक होने के कारण उसकी भाषा में भी उपदेशात्मकता है।

लेखक जब प्रथम पुरुष 'मैं' के रूप में अपनी आत्मकथा के समान कथा का वर्णन करता है या कथा का अन्य कोई पात्र लेखक का स्थान ग्रहण कर पाठकों से संवाद स्थापित करता है, वहाँ आत्मकथात्मक भाषा का प्रयोग किया है। ठाकुर हरनाम सिंह सोचता है–"अत्याचार सहकर भी इतनी सदाशयता? सुक्खा में देखकर ठाकुर को अपना समग्र व्यक्तित्व बौना सा लगता है। वे सोचते हैं कि नितांत निर्धन होते हुए भी कितना सुख और संतोष है सुक्खा के पास, जबकि इतना सब कुछ होते हुए भी सुख और संतोष के नाम पर क्या है उनके पास केवल शून्य ही हो।... क्या है सुक्खा के सुक्खा और संतोष का आधार सब को अपना मानकर और सब का होकर रहना यही तो...। और जैसे उनके अन्तःकरण से आवाज आई 'सचमुच'! यही तो है जीवन का असली ढंग।"[5] ठाकुर के आत्मा की आवाज उभरी हुई देखने को मिलती है।

अन्याय, अत्याचार, शोषण के विरुद्ध विद्रोह कर सामाजिक समता, स्वतंत्रता, न्याय को स्थापित करने के लिए छप्पर उपन्यास में आक्रामक तथा क्रांतिकारी भाषा का प्रयोग किया है–'छप्पर' उपन्यास का चंदन कहता है–"हमें समाज से टक्कर लेनी है, सत्ता से लड़ाई लड़नी हैं, जुल्म और शोषण के विरुद्ध संघर्ष करना है।"[6] चंदन की भाषा में आक्रामकता और क्रांतिकारी विचारों के दर्शन होते हैं।

छप्पर उपन्यास में दलित व्यक्तियों के लिए प्रेरणादायी भाषा का प्रयोग हुआ है। दलित मजदूर किसान सुक्खा की शोषण तथा गुलामी की जंजीरों को तोड़कर स्वाभिमानी जीवन जीने की लालसा इस बात का संकेत है कि वे अपनी 'अस्मिता' के प्रति सजग होते हुए कहता है–"मैं मर जाऊँगा, भूखा प्राण तज दूँगा। सब कुछ बर्दाश्त कर लूँगा मैं पर चंदन को इस नर्क में नहीं पड़ने दूँगा। कभी जिस नर्क में मुझे रहना पड़ा है।"[7]

वर्णनात्मक भाषा के माध्यम से रचनाकार निर्लिप्त भाव से करता चला जाता है। छप्पर उपन्यास में वर्णनात्मक भाषा का उदाहरण इस प्रकार है–"बाहर घुप्प अँधेरा था। दिन का स्वच्छ-निर्मल आकाश इस समय मेघमालाओं से आच्छादित था। चन्द्रमा भी बादलों की ओट में कहीं छिप गया था। हवा के तेज झोंकों के साथ हल्की-हल्की फुहारें आ रही थी। फुहारों का एक तेज झोंका आया और बाहर घूमते सुक्खा को

भिगो गया वापस छप्पर के अंदर लौट गया सुक्खा और पुनः बांस की टूटी चारपाई पर आ पड़ा।"[8] वर्णनात्मक भाषा का संकेत है। इसके माध्यम से कहीं पर वे दृश्य की पृष्ठभूमि सामने रखने में सफल होते हैं तो कहीं पर चरित्र-चित्रण में उभार लाने के लिए भी सफल होते हैं।

दलित साहित्य की भाषा का सवाल बेहद दिलचस्प रहा है, क्योंकि इस भाषा की यात्रा दया-याचना, बेबसी और लाचारी से शुरू होकर आक्रोश, आक्रामकता और गाली-गलौज पर उतर आती है। डॉ. जयप्रकाश कर्दम के शब्दों में–"दलित साहित्य में जो शुरुआती दौर में लिख रहे थे उन्होंने अपनी शिकायत व्यक्त की, जैसा कि हीरा डोम की कविता 'अछूत की शिकायत' में दिखता है, जिसमें विनय और याचना के साथ शिकायत है। फिर धीरे-धीरे उन्होंने आक्रोश व्यक्त करना शुरू किया, क्योंकि प्रत्येक क्रिया की समान और विपरीत प्रतिक्रिया होती है। शोषण जितना ज्यादा और गहरा होगा उसका प्रतिकार भी उतना ही तीव्र और आक्रामक होगा। अब एक आदमी जिसे मारा पीटा जाए, उठने न दिया जाए तो वो यदि कुछ और नहीं कर सकता तो वह गाली अवश्य देगा। गाली प्रतिकार का एक रूप है। दलित साहित्य को कई बार गाली का साहित्य कहा गया है। इन गालियों में आक्रोश और कसमसाहट है। यह हिंसा के रूप में नहीं है, इसके पीछे मुक्ति की चाह है। क्योंकि वह दमन और शोषण से मुक्त होना चाहता है।"[9] दलित साहित्य किसी भी तरह की हिंसात्मक कार्यवाही के सख़्त विरोधी रहा है। दलित साहित्य में अभिव्यक्त आक्रोश, आक्रामकता और विद्रोह सामाजिक परिवर्तन की तीव्र आशा-आकांक्षा का परिणाम रहा है।

III

मुहावरे

भाषा को सजीव और प्रभावशाली बनाने के लिए मुहावरेदार भाषा का प्रयोग किया जाता है। मुहावरा साधारण या सीधा न होकर विलक्षण या वैविध्यपूर्ण होता है। मुहावरा भाषा का विशिष्ट प्रयोग है, जिसे लाक्षणिक प्रयोग कहा जाता है। मुहावरों के प्रयोग से भाषा में कसावट, चमत्कारिकता, विलक्षणता आती है। मुहावरा भाषा के लिए संजीवनी होती है। मुहावरा पदबंध होता है। स्वतंत्र रूप से प्रयुक्त नहीं होता। मुहावरे की सार्थकता किसी वाक्य का अंग बन जाने में होती है। मुहावरे भाषा को प्रभावशाली बनाकर विशिष्ट अर्थ को स्पष्ट करने में सहायक होते हैं।

छप्पर उपन्यासों में प्रयुक्त मुहावरों के उदाहरण इस प्रकार दिखाई देते है–"आँखों के आगे अँधेरा छा गया', 'कलेजा मुँह को आना', 'बरस पड़ना', 'मुँह

ताकना', 'कान खड़े होना', 'पानी फेरना', 'सिर आँखों पर लेना', 'बात को पानी देना', 'दो टूक जवाब देना', 'दिमाग सातवें आसमान पर होना', 'दिल पर पत्थर रखना', 'खून पी जाना" आदि। छप्पर उपन्यास में पर्याप्त मात्रा में मुहावरों का यथोचित प्रयोग कर भाषा सौंदर्य को गरिमा प्रदान की है।

IV

लोकोक्तियाँ

लोकोक्तियों को कहावतें भी कहा जाता है। इसके माध्यम से मार्मिक शब्दों द्वारा व्यक्तियों की गलतियों पर व्यंग्य कसा जाता है। इन में जीवन के तथ्य को लेकर सत्य को बड़ी खूबी से स्पष्ट किया जाता है। लोकोक्ति गागर में सागर भरने का कार्य करती है। छप्पर उपन्यास में लोकोक्तियों का प्रयोग से भाषा की प्रभावशीलता पर ध्यान दिया है–

"काला आखर भैंस बराबर।"
"लेना एक न देना दो।"
"अकेला चना भाड़ नहीं फोड़ सकता।"
"कुछ पाने के लिए कुछ खोना पड़ता है।"
"एक जान-सौ आफत।"
"मानों तो सब कुछ है, न मानों तो कुछ नहीं।"
"आग में घी डालना।"

V

सूक्तियाँ

सूक्तियाँ सुविचार के रूप में लोगों का मार्गदर्शन करती है। छप्पर उपन्यास में सूक्तियों के उदाहरण इस प्रकार है–

"मनुष्य सब से बड़ी सत्ता है दुनिया में मनुष्य से बड़ी कोई चीज नहीं।"
"किसी भी कार्य को करने के लिए दृढ़ इच्छा शक्ति का होना जरूरी है।"
"जिस में जितनी अक्ल होती है वह उतनी ही बात करता है।"
"जन्म के आधार पर नहीं अपितु अपने गुण कर्म तथा योग्यता के आधार पर ही मनुष्य श्रेष्ठ अथवा हीन होता है।"

"जो व्यक्ति शील और सदाचार का पालन करें जो ईमानदार और स्यतनिष्ठ हो जिसके मन में छल कपट या धोखा न हो जो मेहनत से कमाकर खाता हो वह श्रेष्ठ है।"

"जीवन जीने के लिए कठोरता त्यागकर प्रेम और सद्भाव के साथ रहें दूसरों को सम्मान दे तथा खुद भी सम्मान के साथ जिएं।"

"टूटकर जुड़ना ही तो जीवन है।"

संक्षेप में, भाषा में भाव या विचार को अभिव्यक्ति मूलतः शब्द से ही होती है। छप्पर उपन्यास में भाषा के द्वारा दलितों की पीड़ा, अपमान, व्यथा का सही और यथार्थ रूप में अंकन हुआ है। इन्होंने भाषा को परिष्कृत तथा जनसाधारण की भाषा बनाने के लिए विविध स्तरों तथा क्षेत्रों के शब्दों का प्रयोग किया है। जैसे–तत्सम, तद्भव, देशज, अरबी, फारसी, अंग्रेजी, संस्कृत, ध्वन्यार्थक, निरर्थक, द्विरूक्त, संयुक्त, अपशब्द आदि। भाषा को सौंदर्य प्रदान करने के लिए विविध उपकरणों का प्रयोग किया है–पात्रानुकूल भाषा, उपदेशात्मक भाषा, आत्मकथात्मक भाषा, आक्रमक तथा क्रांतिकारी भाषा, दलित जीवन के लिए प्रेरणादायी भाषा वर्णनात्मक भाषा, मुहावरों, लोकोक्तियों और सूक्तियों आदि का मार्मिक प्रयोग भी छप्पर उपन्यास का भाषा सौंदर्य बढ़ाता है।

संदर्भ संकेत

1. मेरे साक्षात्कार–डॉ. जयप्रकाश कर्दम, अमन प्रकाशन, 104ए/80 सी, रामबाग, कानपुर-208 012, प्रथम संस्करण-2013, पृ. 52
2. वही, पृ. 73-74
3. छप्पर–जयप्रकाश कर्दम, सम्यक प्रकाशन, 32/3, पश्चिमपुरी, नयी दिल्ली-110 063, प्रथम संस्करण-2014, पृ. 44
4. वही, पृ. 46
5. वही, पृ. 126
6. वही, पृ. 44
7. वही, पृ. 39
8. वही, पृ. 6
9. मेरे साक्षात्कार–डॉ. जयप्रकाश कर्दम, अमन प्रकाशन, 104ए/80 सी, रामबाग, कानपुर-208 012, प्रथम संस्करण-2013, पृ. 33-34

मैं जीवन भर संघर्षशील रहना चाहता हूँ
(जयप्रकाश कर्दम जी से बातचीत)

आप का जन्म कब और कहाँ हुआ?

मेरा जन्म 17 फरवरी 1958 को गाज़ियाबाद (उत्तर प्रदेश) के निकट हापुड़ रोड़ स्थित इन्दरगढ़ी गाँव में हुआ। उस समय दिल्ली की सीमा से लगा गाजियाबाद, मेरठ जिले की एक तहसील हुआ करता था। 1975 में गाज़ियाबाद जिला बना। मेरे शैक्षिक प्रमाणपत्र और सरकारी दस्तावेजों में मेरी जन्म तिथि 05 जुलाई-1958 दर्ज है। वस्तुतः मेरी असली जन्म तिथि तो 17 फरवरी, 1959 है किंतु परिवार की कमजोर आर्थिक स्थिति के कारण कम उम्र में ही मेरे ऊपर जल्दी-से-जल्दी कमाने का दबाव था। इसलिए हाईस्कूल की परीक्षा का फार्म भरते समय मैंने अपनी दूसरी जन्म तिथि लिखा दी ताकि मैं जल्दी से अट्ठारह वर्ष का हो जाऊँ और सरकारी नौकरी के लिए आवेदन भेज सकूँ, अब 05 जुलाई, 1958 ही मेरी अधिकारिक जन्म तिथि है।

आप का बचपन कहाँ और कैसे बीता?

मेरा बचपन मेरे गाँव-इन्दरगढ़ी, जिला- गाज़ियाबाद (उत्तर प्रदेश) में बीता। बचपन के समय मेरा परिवार बहुत गरीब नहीं था। खेत थे, बैल थे, गाड़ी थी- ठीक तरह से परिवार का गुजारा होता था लेकिन दादाजी की मृत्यु के बाद स्थिति बदल गई। पिताजी टी.बी के मरीज थे। वे खेतों में काम नहीं कर सके। एक-एक कर सारे खेत बिक गए और हमें पेट भरने के लिए, रोटी के लिए मुश्किल पड़ गई। सन् 1976 में जब पिताजी की मृत्यु हुई, मैं 11वीं कक्षा में पढ़ता था। स्कूल न जाकर मजदूरी करने पांच रुपए प्रतिदिन पर। रात में घर पर पढ़ता था। इन्टर मीडिएट (12वीं) विज्ञान विषयों के साथ उत्तीर्ण करने के बाद सन् 1977 में बी.एस.सी. में प्रवेश नहीं ले सका, क्योंकि कॉलेज की फीस के लिए पैसे नहीं थे। वह एक वर्ष व्यर्थ गया। बचपन में खूब खेलता था, गाता था। दादी को 'आल्हा' और 'ढोला' सुनने का बहुत

शौक था। मैं पूरी तर्ज के साथ 'आल्हा' और 'ढोला' गाता था। रागीनी भी गाता था। मैंने नाटक भी खेले।

आपके माता-पिता और परिवार संबंधी विस्तृत जानकारी दीजिए?

मेरी माँ का नाम अतरकली है। उसे 'अतरों' कहकर ही परिवार, रिश्तेदार और गाँव के लोग पुकारते हैं। वह एक अशिक्षित और घरेलू महिला हैं पिता हरिसिंह मैट्रिक तक शिक्षित थे। पहले ही बता चुका हूँ कि पिताजी बीमारी के कारण शरीर से कमजोर थे। माँ ही ज्यादातर घर खेतों में काम करती थी। अपने खेत न रहने पर वह दूसरों के खेतों में मजदूरी करती थी।

भाई-बहनों में सब से बड़ी बहन है, सोनवती मुझ से दो-तीन वर्ष बड़ी। उसकी शादी जल्दी ही हो गई जब मैं सातवीं कक्षा में पढ़ता था। दूसरे नंबर पर मैं हूँ। उसके बाद छोटा भाई रणजित सिंह। वह दिल्ली में विद्युत विभाग में नौकरी करता है। तीन बच्चों का पिता है। गाज़ियाबाद में उस का अपना मकान है-अब गाड़ी भी खरीद ली है। चौथे और पाँचवें नंबर पर दो बहने मधुबाला और मालती। मधु (रोहिणी) दिल्ली में रहती है। उसका पति दिल्ली पुलिस में प्रदूषण नियत्रण शाखा में काम करता है। मालती का पति नेशनल थर्मल पॉवर कार्पोरेशन (एनटीपीसी) नोएडा में कर्मचारी है। वे वहीं पर रहते हैं। सब से छोटे दो भाई हैं संदिप कुमार और कुलदीप। संदीप कुमार एम.ए. पास है उसकी पत्नी अध्यापिका है और ऐटा (उत्तर प्रदेश) में तैनात है। वे वहीं पर रहते हैं। कुलदीप गाँव में ही रह कर मजदूरी करता है। वह मैट्रिक भी पास नहीं कर सका।

आप की नौकरी संबंधी जानकारी बताइए?

सरकारी नौकरी की शुरुआत सन् 1980 में बी.ए. में पढ़ते हुए ही हो गई थी। सब से पहले बिक्री कर विभाग में अमीन बना गाज़ियाबाद में ही। फिर क्लर्क के पद पर दो-तीन साल काम किया। इस दौरान बी.ए. हुआ फिर दर्शनशास्त्र विषय में एम. ए. किया और हिंदी में भी एम.ए. किया। सन् 1984 में बैंक की नौकरी में चला गया। पहली नियुक्ति इलाहाबाद में हुई। फिर स्थानांतरित होकर मेरठ आ गया। इस दौरान इतिहास में भी एम.ए. किया और सिविल सर्विस की परीक्षाओं में भाग लिया। उत्तर प्रदेश की पी. सी. एस. की परीक्षा दो बार पास की। पहली बार साक्षात्कार में सफल नहीं हो सका। दूसरी बार अधिनस्थ सेवा में सफल हुआ-नायब तहसीलदार के पद पर जिसे मैंने स्वीकार नहीं किया।

सन् 1989 में संघ लोक सेवा आयोग के माध्यम से केंद्रीय सचिवालय

राजभाषा सेवा में सहायक निर्देशक के पद पर चयनित हुआ। सन् 1996 में पदोन्नत होकर उपनिदेशक बना। इस समय मैं भारतीय उच्च आयोग पोर्ट लुई (मॉरिशस), में द्वितीय सचिव (शिक्षा एवं संस्कृति) के पद पर प्रतिनियुक्ति पर कार्यरत हूं। यह नियुक्ति भी संघ लोक सेवा आयोग के माध्यम से ही हुई है।

आप की शिक्षा कहाँ हुई और आप अपने शैक्षिक जीवन संघर्ष के बारे में बताइए?

प्राथमिक शिक्षा मेरे गाँव इन्दरगढ़ी में महानंद मिशन हरिजन प्राइमरी पाठशाला में हुई। माध्यमिक शिक्षा (कक्षा 6 से 12 तक) गाँव से एक किलोमीटर की दूरी पर स्थित आध्यात्मिक नगर इण्टरमीडिएट कॉलेज में हुई। बी. ए. और एम. एम (दर्शनशास्त्र) गाजियाबाद के एम. एम. एच. कालेज से किया जो मेरठ विश्वविद्यालय (अब चौ. चरणसिंह विश्वविद्यालय) मेरठ के अंतर्गत है। हिंदी और इतिहास में एम. ए. तथा हिंदी में पीएच.डी. भी इसी विश्वविद्यालय से किया।

बचपन से ही पढ़ने में कुशाग्र था। यह सिलसिला हाईस्कूल पास करने तक रहा। पढ़ाई के साथ-साथ खेल-कूद में भी रुचि लेता था। क्रिकेट बॉलीबाल मेरे प्रिय खेल रहे, जो मैं खूब खेला। क्रिकेट तो काफी देर तक खेलता था। बैंक की नौकरी में रहते हुए इलाहाबाद में अंतर बैंक टूर्नामेंट और 1995-96 में अंतर मंत्रालय टूर्नामेंट खेला।

आप का विवाह कब और किस पद्धति से संपन्न हुआ?

मेरा विवाह 16 अक्टूबर, 1988 में हुआ। बौद्ध पद्धति के अनुसार।

आप अपना रहन-सहन तथा खानपान के बारे में जानकारी बताइए?

मैं साधारण तरीके से रहना और खान-पान पसंद करता हूँ। सादा जीवन उच्च विचार के अनुरूप जीने की कोशिश करता हूँ। मुझे हरे पत्तों वाली सब्जियाँ, फल और दूध पसंद है। मद्यपान से अभी तक दूर हूँ। पान, सिगरेट आदि का भी शौक नहीं रखता। कपड़ों के मामलों में मेरा मत है–"कपड़े ज्यादा महँगे न हो लेकिन साफ-सुथरे तरीके से सिले हुए हों जिन्हें पहनने के बाद व्यक्ति सुंदर और आकर्षक लगे साथ ही आरामदायक भी हों। घर से बाहर पैन्ट कमीज, मौसम के अनुसार कोट-टाई भी पहनता हूँ, तथा घर के अंदर कुर्ता पायजामा, लुंगी और कभी-कभी टी शर्ट और बरमुडा सब कुछ पहनता हूँ।"

आप के मित्र परिवार के बारे में बताइए?

मेरे मित्र बहुत हैं। बचपन में गाँव में किशनचन्द टाइगर के साथ लंबे समय तक मित्रता रही। अब भी है लेकिन अब मिलना कम हो पाता है। बाद में ओमप्रकाश गौतम के साथ प्रगाढ मित्रता हुई जो अब तक बनी हुई है उसी प्रेम के साथ। मेरठ में बैंक में नौकरी करते हुए प्रीतम कुमार से दोस्ती हुई। वह आजकल लखनऊ में मैनेजर हैं। कम मिलना हो पाता है। दिल्ली में बहुत सारे मित्र हैं। दिल्ली के बाहर भी। सब के नाम लेना संभव नहीं है। मित्र बनाना मेरी कमजोरी भी है। मैं बहुत जल्दी लोगों पर विश्वास करता हूँ मित्र बन जाता हूँ या बना लेता हूँ और मित्रता का मूल्य समझते हुए बड़े से बड़ा सहयोग करने में तत्पर रहता हूँ। कई बार मित्रों से ही धोखा भी खाया है, आहत भी हुआ हूँ और उनकी उपेक्षा का शिकार भी बना हूँ। लेकिन मैंने मित्रों पर विश्वास करना नहीं छोड़ा है। कई मित्र ऐसे भी हैं जिन्होंने मेरा केवल इस्तेमाल किया या इस्तेमाल ही करना चाहते हैं। ओमप्रकाश गौतम, प्रतीम कुमार टाइगर ये ऐसे मित्र रहे हैं जिनके साथ सदैव विश्वास अपनापन और प्यार ही रहा। मेरे जीवन की अधिकांश उथल-पुथल को जितना ओमप्रकाश गौतम ने देखा है और मेरा साथ दिया है वह सब से अलग है।

जीवन के प्रति आप का क्या दृष्टिकोण है?

मैं मानता हूँ कि प्रकृति द्वारा प्रदत्त हमारा जीवन जीने के लिए हैं और सब को समान रूप से जीने का अधिकार और अवसर होना चाहिए। जीने के प्रति मेरा दृष्टिकोण सदैव सकारात्मक रहा है। विपरीत परिस्थितियों में भी धैर्य बनाए रखकर हमें आगे बढ़ने के लिए सतत प्रयत्नशील रहना चाहिए। जीवन में सफलता के लिए कठिन परिश्रम, आत्मविश्वास तथा अपने कर्तव्य के प्रति निष्ठा और ईमानदारी का होना आवश्यक है। संघर्ष और आपदाएँ हमें मजबूती प्रदान करती हैं हमें ताकत देती है। अपनी प्रगति के लिए दूसरों को पीछे धकेलना, गिराना, धोखा देना या अन्य कोई अनैतिक रास्ता अपनाना जीवन के मूलभूत सिद्धांत के विरुद्ध हैं जो जीओ और जीने दो पर आधारित है।

आप के प्रेरणास्रोत कौन हैं?

बचपन में मेरे प्रेरणास्रोत मेरे चाचा हरपाल सिंह रहे जिन से मैंने जिंदगी के प्रारंभिक पाठ सीखे- श्रम, संघर्ष और संयम के। थोड़ा बडा होने पर जब डॉ. बाबासाहब आंबेडकर का जीवन संघर्ष पुस्तक पढ़ी तथा उनके बारे में सुना और पढ़ा

तो वह मेरे प्रेरणास्रोत बने। कालेज जीवन में क्या कहूँ जो अपने संघर्ष के सब से कठिन दौर थे- पिताजी की मृत्यु के बाद जब मां व सात बहन-भाइयों के परिवार का बोझ मेरे ऊपर आ पड़ा और बेरोजगारी और बेकारी के उस समय में जब चारों ओर अंधकार के अलावा कुछ नहीं दिखाई देता था। महान रूसी लेखक मेक्सिम गोर्की की आत्मकथा (तीन भागों में) उनका विश्व प्रसिद्ध उपन्यास 'माँ' पढ़ने के बाद उन से प्रेरणा मिली और डॉ. एल. बी. राम अनंत (मेरे पीएच.डी. के गाइड) राधाचरण विद्यार्थी (लेखक-पत्रकार) तथा मेरे गाँव के डॉ. देवी सिंह राम सहाय आदि ने सदैव आगे बढ़ते रहने को प्रेरित किया। मेरे चाचा हरपाल सिंह के मित्र श्री मुकुटलाल तोमर व श्री. हुकुम सिंह से भी प्रोत्साहन और प्रेरणा मिली। वैचारिक रूप से गौतम बुद्ध, कबीर, रैदास, ज्योतिबा फुले और बाबा साहेब डॉ. आंबेडकर मेरे प्रेरणा स्रोत रहे हैं।

आप को कौन-कौन सी भाषाएँ अवगत हैं...

मेरी मातृभाषा हिंदी है। मेरी सारी शिक्षा भी हिंदी माध्यम से हुई है। अंग्रेजी भाषा का मैंने बी.ए. स्तर तक पुरक विषय के रूप में अध्ययन किया है। मुख्य रूप से दो भाषाएँ आती हैं। थोड़ी बहुत संस्कृत भी आती है।

आप आदर्श साहित्य किसे मानते हैं?

मेरी दृष्टि में आदर्श साहित्य वह है जो जीवन के प्रति हमारे दृष्टिकोण को सकारात्मक बनाए, हमारे अंदर मानवीय मूल्यों का संचार करे तथा हमें एक अच्छा इंसान और अच्छा नागरिक बनने के लिए प्रेरित करे।

आप के साहित्यिक जीवन का आरंभ कहाँ से हुआ?

सन् 1976 में मैंने सर्वप्रथम एक कहानी लिखी थी। फिर कुछ छिटपुट रचनाएँ लिखी। सन् 1978 से मैं पत्रकारिता के क्षेत्र में आया। गाजियाबाद व दिल्ली से प्रकाशित होने वाले कई साहित्यिक-पाक्षिक पत्रों में रिपोर्टिंग के अलावा लेख आदि लिखता था। सामायिक विषयों पर यहीं से आगे साहित्य सृजन की ओर बढ़ गया। 1983 में मेरी पहली पुस्तक 'वर्तमान दलित आंदोलन' प्रकाशित हुई थी और 1986 में पहला उपन्यास 'करुणा' प्रकाशित हुआ।

साहित्यकार का दायित्व आप के विचारों से क्या होना चाहिए?

साहित्यकार का काम है समाज को संवेदनशील बनाना। समाज में क्या घट

रहा है, समाज किधर जा रहा है, इस सब से अवगत कराते हुए किधर जाना चाहिए उसका मार्गदर्शन करना अनैतिकता, अवमूल्यन और अराजकता के दुष्प्रभावों को बताते हुए उन से विरक्त रहने के लिए समाज को प्रेरित करना। मनुष्य के अंदर मनुष्यता को जिंदा रखने का प्रयास मेरी नजर में साहित्यकार का सब से बड़ा दायित्व है।

एक सफल लेखक की हैसियत से आप नए दलित युवा लेखकों को कौन-सा संदेश देना चाहेंगे?

एक व्यक्ति के रूप में और एक लेखक के रूप में भी मैंने सदवै परिश्रम को सफलता का सर्वोच्च सूत्र माना है। अधिक से अधिक पढ़ना लेखक के लिए बहुत जरूरी है। पढ़ने से नए विचार, नई सूचनाएँ मिलती है। तार्किकता बढ़ती है तथा अच्छा साहित्य सृजित करने की समझ मिलती है। अपनी रचनाओं से कभी भी संतुष्ट नहीं होना चाहिए। लिखने के बाद अपनी रचना को पुनः पढ़ने से उसकी कमजोरियाँ पता चल जाती हैं। उन कमजोरियों को दूर करने के लिए रचना को पुनः लिखना चाहिए। मुझे यह बताने में कोई संकोच नहीं है कि अपनी कुछ रचनाओं को कई-कई बार री-राइट किया है। जरूरत कहानी को मैंने 11वीं बार में फाइली कर के प्रकाशन के लिए लेजा। किसने लिखा यह कोई मायने नहीं रखता यदि उस लिखे की गुणवत्ता नहीं हैं क्या लिखा यह ज्यादा महत्त्वपूर्ण है। इसलिए मात्र पर नहीं, गुणवत्ता पर ध्यान देना चाहिए। हम जिस विधा में भी लिख रहे हो या लिखना चाहते हैं उस विधा की श्रेष्ठ कृतियों को जरूर पढ़ना चाहिए। वरिष्ठ एवं कुशल लेखकों से मिलकर उनसे साहित्य पर चर्चा करना और उन से मार्गदर्शन प्राप्त करना लेखन की गुणवत्ता बढ़ाने में सहायक होगा। साहित्यिक संगोष्ठियों, सेमिनारों में भाग लेने से भी लाभ मिलता है। विद्वानों को ध्यान और धैर्य से सुनना चाहिए।

आज आप दलित साहित्यकारों में शीर्षस्थ है। क्या आज आपको दलित होने का अनुभव दिलाने वाली घटनाओं का सामना करना पड़ता है?

आज मैं एक उच्च शिक्षित, नौकरी में सम्मानजनक पद पर हूँ। लेखक के रूप में भी थोड़ी बहुत मान्यता या पहचान है। इसलिए आज मुझे कहीं भी किसी भी प्रकार से जातीय अपमान या हीनता का बोध कराने वाली घटनाओं का सामना नहीं करना पड़ता। हाँ लेखन के क्षेत्र में दलित साहित्य विरोधी कुछ लेखकों, आलोचकों की दृष्टि

में जरूर मैं दलित हूँ और मैं अकेला ही नहीं समस्त दलित लेखक दलित है और हमारी पहचान केवल दलित होने के कारण है। ऐसे लोगों पर मैं कोई टिप्पणी नहीं करना चाहता। साहित्य और समाज के विषय में उनकी समझ विकसित हो। जाति से ऊपर उठकर वे मनुष्य के स्तर पर आए और मनुष्य की दृष्टि से दूसरे मनुष्य (या मनुष्यों) को/की वेदना-संवेदना और भावनाओं को समझने की कोशिश करें यही कामना करता हूँ।

आपके साहित्य सृजन के उद्देश्य क्या है?

मेरी दृष्टि से साहित्य का उद्देश्य है–मनुष्य को बेहतर मनुष्य, समाज को बेहतर समाज और इस दुनिया को बेहतर दुनिया बनाना जहाँ मनुष्य की पहचान उसकी जाति, धर्म, नस्ल से न होकर मनुष्य के रूप में हो और मनुष्य अपनी मनुष्यता के साथ जीए। ऐसा होने के लिए आवश्यक है समाज में समानता, स्वतंत्रता, न्याय और भ्रातृत्व का होना। इन्हीं मानवीय मूल्यों की रक्षा और इसका विकास ही साहित्य का उद्देश्य है। अंधविश्वास और आडंबर से मुक्त करके समाज की सोच को वैज्ञानिक बनाने की दिशा में भी साहित्य महत्त्वपूर्ण भूमिका निभा सकता है।

आप अपने व्यक्तिगत जीवन में किस चीज को ज्यादातर महत्त्व देते हैं?

अनुशासन को मैं जीवन में सर्वोच्च महत्व देता हूँ। प्रत्येक क्षेत्र में अनुशासन का पालन हमारी प्रगति के लिए सीढ़ी का काम करता है। समय और ऊर्जा हमारी सब से बड़ी पूँजी है। किस प्रकार हम इसका उपयोग करते हैं, यही हमारे भावी जीवन की दिशा तय करता है।

दूसरे, मैं संबंधों को बहुत महत्त्व देता हूँ। संबंध चाहे पारिवारिक हो, मित्रवत या व्यावसायिक। प्रत्येक संबंध का अपना महत्त्व है। मनुष्य को मनुष्य बनाए रखने में संबंधों की बड़ी महत्त्वपूर्ण भूमिका होता है, इसलिए संबंधों का उनकी ऊष्मा, ऊर्जा और भावना के साथ जीया जाना चाहिए।

तीसरे, शिक्षा और स्वास्थ्य मेरी दृष्टि में ये दो सर्वप्रमुख क्षेत्र हैं, जिन पर हमें अधिक से अधिक ध्यान देना चाहिए। निवेश के लिए भी इन से बेहतर कोई अन्य क्षेत्र नहीं हो सकता।

हिंदी के दलित साहित्य के वर्तमान रूप को लेकर आपकी क्या मान्यता है?

हिंदी का दलित साहित्य अब लगभग एक आकार ले चुका है। मराठी की

तरह हिंदी दलित साहित्य में भी हालांकि आत्मकथाएँ ही सर्वाधिक चर्चित रही हैं। अधिकांश दलित साहित्यकारों का रूझान आत्मकथा लेखन की ओर है। दलित लेखकों के पास दग्ध अनुभव है किंतु केवल आत्मकथा के रूप में ही अपने अनुभवों को व्यक्त करने को मैं बहुत उचित नहीं मानता।

दलित साहित्य को मुकम्मल साहित्य के रूप में प्रतिष्ठित होने के लिए सभी विधाओं में लिखा जाना आवश्यक है। हालाँकि कविता और कहानी लेखन भी साथ-साथ चल रहा है। किंतु उपन्यास और नाट्य लेखन की दिशा में बहुत गंभीर प्रयास दिखाई नहीं देते। न ही आलोचना के क्षेत्र में कोई बहुत उल्लेखनीय काम अभी तक हो पाया है। वैचारिक दृष्टि से अवश्य ही हिंदी का दलित साहित्य परिपक्व हो रहा है। वह समय के ज्वलंत सवालों को उठा रहा है। अन्य समकालीन विमर्शों से टकरा रहा है। यह सब आश्वस्त करता है कि हिंदी दलित साहित्य का भविष्य उज्ज्वल है।

हिंदी के दलित साहित्य में संवेदना प्रमुख है शिल्प गौण है, किंतु मेरी मान्यता है कि शिल्प को भी पूरी तरह खारिज नहीं किया जाना चाहिए। केवल गाली और नारों से कविता नहीं बनती न ही बयान या वृतांत कहानी होती है। कविता, कहानी या चाहे किसी भी विधा में हो साहित्य को साहित्य की तरह लिखा जाना चाहिए। इस से पाठक की रुचि उस में बढ़ती है। साहित्य में शिल्प का सवाल केवल इस से नहीं है, रुचि का भी है। आज नहीं तो कल दलित साहित्यकारों को इस ओर ध्यान देना पड़ेगा। आशा की जानी चाहिए कि अगली पीढ़ी इस ओर भी ध्यान देगी ताकि दलित साहित्य में और ज्यादा गहराई और परिपक्वता आ सके।

आप को दलित साहित्य लिखने की प्रेरणा कैसे मिली?

मेरा गाँव आंबेडकरवादी विचारों से परिचित और प्रभावित गाँव है। आजादी के बाद ही पीढ़ी बाबा साहेब डॉ. आंबेडकर के विचारों से तथा गाँव में बौद्ध धर्म और आंबेडकरवाद का प्रचार-प्रचार हुआ। बचपन से ही मैं इन विचारों के संपर्क में आया। सामाजिक, सांस्कृतिक कार्यकलापों में सक्रिय भागीदारी निभाते हुए मस्तिष्क में दलित प्रश्न कुलबुलाने लगे। व्यवस्था के प्रति विद्रोह की भावना मन में पैदा होने लगी और जब लिखना शुरू किया तो स्वाभाविक रूप से वे ही सब बातें, वे ही सब प्रश्न मेरी रचनाओं का विषय बनने लगे।

छप्पर उपन्यास लिखने की प्रेरणा और उसके शीर्षक से तात्पर्य क्या है?

देश के बहुत से गाँवों में बहुत से दलित आज भी झोपड़ियों में रहते हैं या

'छप्पर' के घरों में। वे न केवल आर्थिक आभावों में जीते हैं अपितु सामाजिक, अन्याय शोषण अपमान, उपेक्षा के शिकार हैं। छप्पर इसी दलित जीवन का प्रतीक है। सन् सत्तर के समय मैंने एक घटना कहीं पर पढ़ी या सुनी थी कि उत्तर प्रदेश के किसी गाँव में एक दलित छात्र को अपनी पढ़ाई छोड़कर शहर से वापस गाँव लौटना पड़ा, क्योंकि गाँव के उच्च जातीय परिवारों में से कोई भी उच्च शिक्षित नहीं था और वे नहीं चाहते थे कि कोई दलित उन से ज्यादा शिक्षा प्राप्त करें। उस दलित परिवार को उत्पीड़ित किया गया था। इस घटना ने मेरे मस्तिष्क को झकझोरा। आखिर एक लोकतांत्रिक देश में जहाँ सब को शिक्षा का समान अधिकार है क्यों दलितों को उच्च शिक्षा प्राप्त करने से रोका जाता है। वर्षों तक इस घटना ने मुझे परेशान किया और अंततः छप्पर उपन्यास के रूप में मेरी चेतना का विस्फोट हुआ।

करुणा उपन्यास लिखने की प्रेरणा और उपन्यास से आप समाज को कौन-सा दर्शन देना चाहते हैं?

जैसा कि पहले ही कह चुका हूँ बचपन से ही मैं गौतम बुद्ध और बौद्ध धम्म से प्रभावित रहा हूँ, दर्शनशास्त्र का विद्यार्थी रहते हुए बौद्ध दर्शन का मैंने विशेष अध्ययन किया था। इस के अलावा एक ओर से समाज में जनता को मूर्ख बनाकर ठगते, लूटते हिंदू साधुओं को देखता था तो दूसरी ओर दिल्ली स्थित बौद्ध विहार व अन्य कई बौद्ध विहारों में शांत, चित, अध्ययनशील और ध्यान में मग्न रहने वाले बौद्ध भिक्षुओं को देखता था। इस सब ने मुझे ज्यादा प्रभावित किया और मैंने मत बनाया कि बौद्ध धर्म पर एक उपन्यास लिखूंगा और करुणा के रूप में मैंने यह उपन्यास लिखा।

करुणा उपन्यास के माध्यम से मैंने समाज को यह संदेश देने की कोशिश की, कि जीवन जीने के लिए है और केवल अपने लिए नहीं हमारा जीवन दूसरों के लिए भी है या होना चाहिए। प्रज्ञा, (ज्ञान) और शील (आचरण) तथा समता, मैत्री और करुणा ये ऐसी चीजें हैं कि यदि इस के अनुरूप जीवन जीया जाए तो समाज हिंसा, द्वेष, छल, कपट बेईमानी, अनैतिकता आदि से मुक्त रहकर प्रगतिशील रह सकता है। चीन, जापान, कोरिया, थाईलैंड आदि देश बौद्ध धर्म के सिद्धांतों को अपने जीवन का आधार बनाकर निरंतर प्रगति की राह पर अग्रसर हैं। भारत भी बौद्ध धर्म के सिद्धांतों का अनुसरण कर प्रगति कर सकता है।

आप सामाजिक कार्य तथा साहित्य के क्षेत्र में कौन कौन से पुरस्कारों से सम्मानित हुए हैं?

मैं इस समय देश से बाहर मॉरिशस में हूँ। आप के इस प्रश्न से संबंधित जानकारी प्रामाणिक रूप से मेरे पास यहाँ उपलब्ध नहीं है। वैसे भी इस तरह की सूचनाएँ मैं रखता भी नहीं हूँ मेरे लिए किसी पुरस्कारों का नहीं आप का महत्त्व है। आप ही मेरा पुरस्कार हैं और सब से ज्यादा पाठकों का प्यार। इस से बड़ा कोई पुरस्कार मेरे लिए नहीं है। अब इस सम्मान का क्या विवरण दूँ।

वर्तमान समय में बौद्ध धर्म के विषय में आप की सोच क्या है?

दुनिया में अहिंसा, शांति, प्रेम और सद्भाव का वातावरण बनाने में जितना योगदान बौद्ध धर्म ने दिया है उतना किसी अन्य धर्म में नहीं दिया है। बौद्ध धर्म के सिद्धांत पूर्णतयः वैज्ञानिक हैं चाहे वह प्रतीत्य-समुत्पाद हो या शून्यवाद। बौद्ध धर्म में पाखंडवाद के लिए कोई जगह नहीं है। कोई बौद्ध भिक्षु या बौद्धाचार्य अपने उपासकों को भूत-प्रेत का भय दिखाकर या अच्छे भविष्य का उपाय बताकर ठगता नहीं है। वे केवल सद्धर्म का उपदेश देते हैं। अंधविश्वास और आडंबरों से दूर रहने की सीख देते हैं। भाग्य और भगवान नहीं कर्म प्रमुख है। हमारे जीवन की बेहतरी सिर्फ और सिर्फ हमारे कार्य पर निर्भर करती है। बौद्ध धर्म की यह शिक्षा ही है कि बौद्ध देशों के लोग अधिक श्रमशील, परिश्रमी, ईमानदार और निष्ठावान हैं। वे देश निरंतर प्रगति कर रहे हैं। निष्काम-कर्म जैसे सिद्धांतों ने शोषण का आधार तय किया है तथा उच्च एवं संपन्न वर्गों को दीन-दलितों का शोषण करने के अवसर प्रदान किए हैं। भारत को प्रगति करनी है तो बौद्ध दर्शन के कर्मवाद को अपनाना होगा। मेरी दृष्टि में बौद्ध धर्म आज भी उतना ही प्रासंगिक है जितना कल था। बौद्ध धर्म के सिद्धांत और दर्शन ऐसा है कि वह हमेशा प्रासंगिक रहेगा तथा विश्व भर में मानव सभ्यता के विकास का आधार बना रहेगा।

सुधार की भी बहुत गुंजाइश बौद्ध धर्म में है। विशेषकर उत्तर भारत मे बौद्ध भिक्षु अधिक शिक्षित नहीं हैं। वे ठीक से प्रवचन नहीं दे पाते। धर्म के मूल तत्वों की व्याख्या नहीं कर पाते। कुछ सदाचार का पालन भी नहीं करते तथा हिंदू साधुओं की नकल करते हुए तंत्र-मंत्र भी करते हैं। यह सब बहुत घातक है। बौद्ध संस्थाओं को इस दिशा में ध्यान देना चाहिए तथा बौद्ध भिक्षुओं के लिए धम्म शिक्षा की व्यवस्था के साथ-साथ एक आचार संहिता तैयार की जानी चाहिए ताकि न केवल धार्मिक वातावरण स्वस्थ रहे अपितु समाज भी प्रगतिशील बने।

संदर्भ साहित्य सूची

I. आधार साहित्य

1. छप्पर–जयप्रकाश कर्दम, सम्यक प्रकाशन, 32/3, पश्चिमपुरी, नयी दिल्ली-110 063, प्रथम संस्करण-2014

II. सहायक साहित्य सूची

1. अछूत कौन थे और वे अछूत कैसे बने–बाबा साहेब डॉ. आंबेडकर, संपूर्ण वाङ्मय, खंड-14, प्रकाशक डॉ. आंबेडकर प्रतिष्ठान सामाजिक न्याय और अधिकारिता मंत्रालय, भारत सरकार, नयी दिल्ली-110 001, चौथा संस्करण-2013
2. अतीत होती सदी और स्त्री का भविष्य–राजेन्द्र यादव, (संपादक : अर्चना वर्मा), राजकमल प्रकाशन प्रा. लि 1-बी, नेताजी सुभाष मार्ग, नयी दिल्ली-110 002, प्रथम संस्करण-2001
3. अंधेरों से उठती गुहार, खंड-7–राजेन्द्र यादव, वाणी प्रकाशन, 21-ए, दरियागंज, नयी दिल्ली-110 002, प्रथम संस्करण-1998
4. अनपढ़ बनाये रखने की साजिश, खंड-2–राजेन्द्र यादव, वाणी प्रकाशन, 21-ए, दरियागंज, नयी दिल्ली-110 002, प्रथम संस्करण-1998
5. अनुसूचित जातियों की शिकायतें तथा सत्ता हस्तांतरण संबंधी महत्त्वपूर्ण पत्र व्यवहार आदि–बाबा साहेब डॉ. आंबेडकर, संपूर्ण वाङ्मय, खंड-19, प्रकाशक डॉ. आंबेडकर प्रतिष्ठान सामाजिक न्याय और अधिकारिता मंत्रालय, भारत सरकार, नयी दिल्ली-110 001, चौथा संस्करण-2013
6. अस्पृश्यता अथवा भारत में बहिष्कृत बस्तियों के प्राणी–बाबा साहेब डॉ. आंबेडकर, संपूर्ण वाङ्मय, खंड-9, प्रकाशक डॉ. आंबेडकर प्रतिष्ठान सामाजिक न्याय और अधिकारिता मंत्रालय, भारत सरकार, नयी दिल्ली-110 001, चौथा संस्करण-2013

7. अस्पृश्यों का विद्रोह, गाँधी और उनका अनशन पूना पैक्ट–बाबा साहेब डॉ. आंबेडकर, संपूर्ण वाङ्मय, खंड-10, प्रकाशक डॉ. आंबेडकर प्रतिष्ठान सामाजिक न्याय और अधिकारिता मंत्रालय, भारत सरकार, नयी दिल्ली-110 001, चौथा संस्करण-2013
8. आगे रास्ता बंद है, खंड-4–राजेन्द्र यादव, वाणी प्रकाशन, 21-ए, दरियागंज, नयी दिल्ली-110 002, प्रथम संस्करण-1998
9. आदमी की निगाह में औरत–राजेन्द्र यादव, राजकमल प्रकाशन प्रा. लि. 1-बी, नेताजी सुभाष मार्ग, नयी दिल्ली-110 002, प्रथम संस्करण-2001
10. आदिकालीन भारत की व्याख्या–रोमिला थापर (हिंदी अनुवाद : मंगलनाथ सिंह), ग्रँथ शिल्पी (इंडिया) प्रा. लि. जी-82, विजय चौक, लक्ष्मी नगर, दिल्ली-110 092, प्रथम हिंदी संस्करण-1998
11. आधुनिकता के आईने में दलित–अभय कुमार दुबे (संपादक), वाणी प्रकाशन, 21-ए, दरियागंज, अंसारी रोड, नयी दिल्ली-110 002, प्रथम संस्करण-2002
12. आधुनिक भारत में विचारधारा और राजनीति–बिपन चंद्र, अनामिका पब्लिशर्स एंड डिस्टीब्यूटर्स (प्रा. लि.), 4697/3, 21-ए, अंसारी रोड, दरियागंज, नयी दिल्ली-110 002, संस्करण-2000
14. आंबेडकर : प्रबुद्ध भारत की ओर–गेल ओमवेट (हिंदी अनुवाद : डॉ. पूरनचंद टंडन), पेंगुइन बुक्स इंडिया, प्रा लि, 11-कम्युनिटी सेंटर, यात्रा बुक्स, नयी दिल्ली-110 017, प्रथम संस्करण-2005
15. आंबेडकरवादी विचारधारा और समाज–डॉ. तेज सिंह (संपादक), स्वराज प्रकाशन, 4697/3, 21 ए, अंसारी रोड, दरियागंज, नयी दिल्ली-110 002, प्रथम संस्करण-2008
16. आंबेडकरवादी साहित्य की अवधारणा–डॉ. तेज सिंह, लोकमित्र प्रकाशन, 1/6588, पूर्वी रोहतास नगर, शाहदरा, दिल्ली-110 032, प्रथम संस्करण-2010
19. उत्पीड़ितों का शिक्षाशास्त्र–पॉलो फ्रेरा (हिंदी अनुवाद : रमेश उपाध्याय), ग्रँथ शिल्पी, नयी दिल्ली-110 002, प्रथम हिंदी संस्करण-1996
20. उम्मीदों का शिक्षाशास्त्र–पॉलो फ्रेरा (हिंदी अनुवाद : विपिन), ग्रँथ शिल्पी, नयी दिल्ली-110 002, प्रथम हिंदी संस्करण-2010
23. कबीर ग्रँथावली–श्याम सुंदरदास (संपादक), नागरी प्रचारिणी सभा, वाराणसी, सं.2034 वि. पद-सं. 41
24. काश मैं राष्ट्र द्रोही होता?–राजेन्द्र यादव, किताबघर प्रकाशन, 4855-56/24, अंसारी रोड, दरियागंज, नयी दिल्ली-110 002, प्रथम संस्करण-2008

25. काँग्रेस एवं गाँधी ने अस्पृश्यों के लिए क्या किया?–बाबा साहेब डॉ. आंबेडकर, संपूर्ण वाङ्मय, खंड-16, प्रकाशक डॉ. आंबेडकर प्रतिष्ठान सामाजिक न्याय और अधिकारिता मंत्रालय, भारत सरकार, नयी दिल्ली-110 001, चौथा संस्करण-2013
26. क्रांति तथा प्रतिक्रांति–बुद्ध अथवा कार्ल मार्क्स आदि, बाबा साहेब डॉ. आंबेडकर, संपूर्ण वाङ्मय, खंड-7, प्रकाशक डॉ. आंबेडकर प्रतिष्ठान सामाजिक न्याय और अधिकारिता मंत्रालय, भारत सरकार, नयी दिल्ली-110 001, चौथा संस्करण-2013
27. खामोश, चिंतन चालू आहे!, खंड-5–राजेन्द्र यादव, वाणी प्रकाशन, 21-ए, दरियागंज, नयी दिल्ली-110 002, प्रथम संस्करण-1998
28. खुली खिड़कियाँ–मैत्रेयी पुष्पा, सामयिक प्रकाशन, 3320-21 जटवाड़ा, नेताजी सुभाष मार्ग, दरियागंज, नयी दिल्ली-110 002, संस्करण-2009
30. गरीबी और अकाल–अमर्त्य सेन, राजपाल एण्ड सन्स, कश्मीरी गेट, दिल्ली-110 006, संस्करण-2011
31. गुलामी का आनंद और स्वतंत्रता के खतरे, खंड-3–राजेन्द्र यादव, वाणी प्रकाशन, 21-ए, दरियागंज, नयी दिल्ली-110 002, प्रथम संस्करण-1998
32. गाँधी एवं अछूतों का उद्धार–डॉ. बाबा साहेब आंबेडकर, संपूर्ण वाङ्मय, खंड-17, प्रकाशक डॉ. आंबेडकर प्रतिष्ठान सामाजिक न्याय और अधिकारिता मंत्रालय, भारत सरकार, नयी दिल्ली-110 001, चौथा संस्करण-2013
33. चिंतन की परंपरा और दलित साहित्य–डॉ. श्यौराज सिंह 'बेचैन'; डॉ. देवेन्द्र कुमार चौबे (संपादक), लता साहित्य सदन, ई-10 / 666, उत्तरांचल कॉलोनी, (निकट संगम सिनेमा) लोनी बार्डर, गाज़ियाबाद (उ.प्र)-201 102, संस्करण-2010
34. जाति, धर्म और राष्ट्र–कंवल भारती, उद्भावना प्रकाशन, ए-21, झिलमिल इंडस्ट्रिएल एरिया, जी. टी. रोड़, शाहदरा, दिल्ली-110 095, प्रथम संस्करण-2005
39. दलित और प्रजातान्तिक क्रांति–गेल ओमवेट (हिंदी अनुवाद : नरेश भार्गव), रावत पब्लिकेशन, 4858/24, अंसारी रोड, दरियागंज, नयी दिल्ली-110 002, प्रथम संस्करण-2011
41. दलित चिंतन का विकास : अभिशप्त चिंतन से इतिहास चिंतन की ओर–डॉ. धर्मवीर, वाणी प्रकाशन, 21-एदरियागंज, अंसारी रोड, नयी दिल्ली-110 002, संस्करण-2008
42. दलित चेतना : सोच–रमणिका गुप्ता (संपादक), नवलेखन प्रकाशन, हजारीबाग, (झारखंड), प्रथम संस्करण-1998

43. दलित चेतना की पहचान–डॉ. सूर्यनारायण रणसुभे (संपादक), वाणी प्रकाशन, 4695, 21-ए, दरियागंज, नयी दिल्ली-110 002, संस्करण-2012
44. दलित चेतना–साहित्यिक एवं सामाजिक सरोकार-रमणिका गुप्ता, समीक्षा पब्लिकेशन्स, एक्स/3284, स्ट्रीट नं. 4, रघुबरपुरा नं. 2, गाँधी नगर, दिल्ली-110 031, संस्करण-2008
45. दलित समाज और संस्कृति–डॉ. तेज सिंह, आधार प्रकाशन प्रा. लि. एस.सी. एफ. 267, सेक्टर-16, पंचकूल (हरियाणा)-134 113, प्रथम संस्करण-2007
45. दलित समाज : पुरानी समस्याएँ नयी आकांक्षाएँ-एक समाजशास्त्रीय अवलोकन-डॉ. ववेक कुमार, सम्यक प्रकाशन, 32/3, पश्चिमपुरी, नयी दिल्ली-110 063, प्रथम संस्करण-2007
50. दलित साहित्य का सौंदर्यशास्त्र–शरणकुमार लिंबाले (हिंदी अनुवाद : रमणिका गुप्ता), वाणी प्रकाशन, 21-ए, दरियागंज, नयी दिल्ली-110 002, द्वितीय संस्करण-2005
52. दलित हस्तक्षेप–रमणिका गुप्ता (संपादक), शिल्पायन-10295, लेन नं. 1, वैस्ट गोरख पार्क, शाहदरा, दिल्ली-110 032, संस्करण-2012
53. धम्मचक्र प्रवर्तन के बाद के परिवर्तन–डॉ. प्रदीप आगलावे (हिंदी अनुवाद : संजय गजभिए), सम्यक प्रकाशन, 32/3, पश्चिमपुरी, नयी दिल्ली-110 063, प्रथम संस्करण-2010
54. धर्मशास्त्र का इतिहास, भाग-1–डॉ. पी. वी. काणे (हिंदी अनुवाद : अर्जुन चौबे काश्यप), उत्तर प्रदेश हिंदी संस्थान, महात्मा गाँधी मार्ग, लखनऊ (उ. प्र.), तीसरा संस्करण-1980
57. प्रजातंत्र में जाति, आरक्षण एवं दलित–डॉ. विवेक कुमार, सम्यक प्रकाशन, 32/3, पश्चिमपुरी, नयी दिल्ली-110 063, प्रथम संस्करण-201
60. बाबा साहेब डॉ. आंबेडकर : संस्मरण और स्मृतियाँ-नानक चंद रत्तू (संपादक), सम्यक प्रकाशन, 32/3, पश्चिमपुरी, नयी दिल्ली-110 063, संस्करण द्वितीय हिंदी-2002
62. भगवान बुद्ध और उनका धम्म–डॉ. भीमराव आंबेडकर (हिंदी अनुवाद : भदंत आनंद कौसल्यायन), भारतीय बौद्ध शिक्षा परिषद, श्रावस्ती, बलरामपुर, उत्तर प्रदेश, द्वितीय संस्करण-1970
63. भारत का संविधान-1 सितम्बर-1991 को यथा विद्यमान, भारत सरकार, विधि, न्याय और कंपनी कार्य मंत्रालय, विधायी विभाग, राजभाषा खंड, सिविल लाइंस, दिल्ली-110 054, तीसरा संस्करण-1991

64. भारत में जातिप्रथा एवं जातिप्रथा उन्मूलन : भाषायी प्रांतों पर विचार, रानडे, गाँधी और जिन्ना आदि–बाबा साहेब डॉ. आंबेडकर, संपूर्ण वाङ्मय, खंड-1, प्रकाशक डॉ. आंबेडकर प्रतिष्ठान सामाजिक न्याय और अधिकारिता मंत्रालय, भारत सरकार, नयी दिल्ली-110 001, चौथा संस्करण-2013
65. भारतीय समाज का ऐतिहासिक विश्लेषण–भगवत शरण उपाध्याय, वाणी प्रकाशन, 21-ए, दरियागंज, नयी दिल्ली-110 002, आवृत्ति-2009
66. मायावती और दलित आंदोलन-कंवल भारती, रमणिका फाउंडेशन, ए-221, डिफेंस कॉलोनी, नयी दिल्ली-110 024, प्रथम संस्करण-2004
67. मुख्यधारा और दलित साहित्य–ओमप्रकाश वाल्मीकि, सामयिक प्रकाशन, 3320-21, जटवाड़ा, नेताजी सुभाष मार्ग, दरियागंज, नयी दिल्ली-110 002, संस्करण-2010
74. शूद्र कौन थे–बाबा साहेब डॉ. आंबेडकर, संपूर्ण वाङ्मय, खंड-13, प्रकाशक डॉ. आंबेडकर प्रतिष्ठान सामाजिक न्याय और अधिकारिता मंत्रालय, भारत सरकार, नयी दिल्ली-110 001, चौथा संस्करण-2013
75. शूद्रों का प्राचीन इतिहास, राम शरण शर्मा, राजकमल प्रकाशन प्रा.लि., 1-बी, नेताजी सुभाष मार्ग, नयी दिल्ली-110 002, संस्करण-1997
78. सामाजिक परिवर्तन और बी. एस. पी-एच. एल. दुसाध, सम्यक प्रकाशन, 32/3, क्लब रोड, पश्चिमपुरी चौक, नयी दिल्ली-110 063, प्रथम संस्करण-2005
79. समता सैनिक दल : इतिहास और संघर्ष–संजय गजभिए, सम्यक प्रकाशन, 32/3, क्लब रोड, पश्चिमपुरी चौक, नयी दिल्ली-110 063, प्रथम संस्करण-2008
81. स्त्री नैतिकता का तालिबानीकरण–रमणिका गुप्ता; विमल थोरात (संपादक), नवचेतना प्रकाशन, जी-5, गली नं. 16, राजापुरी, उत्तम नगर, दिल्ली-110 059, संस्करण-2009
82. स्त्री विमर्श : कलम और कुदाल के बहाने–रमणिका गुप्ता, शिल्पायन, 10295, लेन नं. 1, वैस्ट गोरख पार्क, शाहदरा, दिल्ली-110 032, संस्करण-2008
86. हंस के विमर्श : हंस के पच्चीस वर्ष (1986-2011)–राजेन्द्र यादव, विभास वर्मा (संपादक), वाणी प्रकाशन, 21-ए, दरियागंज, नयी दिल्ली-110 002, प्रथम संस्करण-2012
89. हिंदुत्व का दर्शन–बाबा साहेब डॉ. आंबेडकर, संपूर्ण वाङ्मय, खंड-6, प्रकाशक डॉ. आंबेडकर प्रतिष्ठान सामाजिक न्याय और अधिकारिता मंत्रालय, भारत सरकार, नयी दिल्ली-110 001, चौथा संस्करण-2013
90. हिंदू धर्म की पहेलियाँ–बाबा साहेब डॉ. आंबेडकर, संपूर्ण वाङ्मय, खंड-8, प्रकाशक डॉ. आंबेडकर प्रतिष्ठान सामाजिक न्याय और अधिकारिता मंत्रालय, भारत सरकार, नयी दिल्ली-110 001, चौथा संस्करण-2013